DICTIONARY OF OMISSIONS FOR RUSSIAN TRANSLATORS
With Examples from Scientific Texts

Isidore Geld

Slavica Publishers, Inc.

Slavica publishes a wide variety of scholarly books and textbooks on the languages, peoples, literatures, cultures, history, etc. of the USSR and Eastern Europe. For a complete catalog of books and journals from Slavica, with prices and ordering information, write to:

> Slavica Publishers, Inc.
> PO Box 14388
> Columbus, Ohio 43214

ISBN: 0-89357-243-8.

Copyright © 1993 by Isidore Geld. All rights reserved.

All statements of fact or opinion are those of the authors and do not necessarily agree with those of the publisher, which takes no responsibility for them.

Printed in the United States of America.

To my dear wife Rose, for her
assistance, patience, and tolerance

INTRODUCTION

Russian technical and scientific texts are replete with unneeded words and phrases that may be omitted in English translations to render them easier to read, tighter, and more understandable. The omissions also make published translations more economical. Examples of omissions are often found in books on the art of translating but these are scattered with no systematic arrangement. To my knowledge no dictionary of omissions for Russian scientific translators is available.

The present work attempts to fill this gap. The material, which deals mainly with chemistry and physics, is based on the references cited at the end of this section and my translations over a period of 15 years. The compilation is intended for both beginning and experienced Russian translators and should alert them to the power of omitting superfluous terminology.

Words and entire phrases to be omitted, with pertinent meanings, are listed alphabetically in bold type along with their Russian contexts and desired translations. The omissions are shown in the translated contexts as completely omitted or replaced by prefixes, suffixes, or function words (prepositions or auxiliary verbs such as for, the, at, with, to be, and to have). In some cases the omissions are accompanied by reversal of preceding and following terms as in колба вместимостью 50 мл (a 50-ml flask). The number of contexts for each entry varies according to their frequency, usefulness, and application. Cross references are made to words in the middle or end of phrases to be omitted. The contexts consist of complete sentences, sentences with incomplete endings (shown by ...), phrases, and single words. The terms should be omitted, not always, but only in the types of contexts shown or, of course, in other contexts where the translator thinks it would be appropriate. General omission rules and a short list of symbols to be omitted are included at the end of the book.

This work is intended not only as a dictionary but also for browsing. I hope it will prompt Russian scientific translators to search for superfluities and hack them off to make for a "tighter ship," without affecting the sense of the original.

Suggestions for improvements and extensions will be appreciated.

LITERATURE CONSULTED

Callaham, L. I., *Chemical and Polytechnical Dictionary*, John Wiley & Sons, New York (1975).

Damashek, M., In-house communications to translators for the Plenum Publishing Corporation, New York (1990, 1991).

Deruguine, T., *Russian-English Dictionary of Metallurgy and Allied Sciences*, Frederick Ungar Publishing Co., New York (1962).

Gingold, K., *Russian words* Capital Translator (Newsletter of the National Capital Area Chapter of the American Translators Association), $\underline{4}$, No. 3, 5-8 (1983); ibid $\underline{6}$, No. 8, 6-8 (1985).

Gould, S. H., *A Manual for Translators of Mathematical Russian*, American Mathematical Society, Providence, R.I. (1979).

Kedrinskii, V. V., *English-Russian Dictionary of Chemistry and Petroleum Processing*, State Scientific and Technical Publishing House of the Petroleum and Mineral Fuel Industry, Leningrad (1962).

Koval'nitskaya, O V., Kostenko, S. M., and Likhchacheva, I. K., *Russian-English Equivalents of Expressions of Magnitude*, Leningrad (1979).

Kryt, D., *Dictionary of Chemical Terminology in Five Languages*, Elsevier, New York (1980).

McGlashan, M. L. and Bokii, G. B., International Union of Pure and Applied Chemistry (IUPAC), *Manual of Symbols and Terminolgoy for Physicochemical Quantities and Units* [in English and Russian], Vol. 1, No. 2, Butterworths, London (1973).

Melnikova, M. M., Smirnov, I. P., and Lukashina, N. D., *English-Russian Dictionary on Electrochemistry and Corrosion*, All-Union Institute of Scientific and Technical Information (VINITI), Moscow (1963).

Mkrtuchev, A., Sci-Tech Newsletter of the American Translators Association, No. 3, 15 (July 1992).

Paper Use, Quinto Lingo Magazine, $\underline{21}$, No. 3, 44 (1983).

Parsons, C., *Russian-English Dictionary of Ость Words*, Translation Research Institute, Philadelphia (1978).

Pumpyanskii, A. L., *Introduction to the Translation of Scientific and Technical Literature to English*, Nauka, Moscow (1965).

RETX (Russian-English Translators Exchange), 9, No. 1, (1979); ibid, 10, No. 9, 34 (1980).

Shipp, J. F., *Russian English Dictionary of Abbreviations and Initialisms*, Translations Research Institute, Philadelphia (1982).

Shnirel'man, A. I., *Synonynms in Scientific and Technical Literature* [in Russian], All-Union Institute of Scientific and Technical Information (VINITI), Moscow (1977).

Smirnova, L. A., *Russian-English Phrase Book for Physicists*, Russian Language Publishers, Moscow (1977).

The JPRS Wordsmith Clinic, In-house periodicals published by the U.S. Joint Publications Research Service (JPRS), Issue Nos. 1 and 2 (1984).

Voskoboinik, D. I. and Tsimmerman, M. G., *English-Russian Nuclear Dictionary*, Foreign-Language Scientific and Technical Dictionaries, Moscow (1960).

Webster's *Ninth New Collegiate Dictionary*, Merriam-Webster, Springfield (1983).

А

абсолютный absolute.
  атмосфера абсолютная atmosphere.
автоматический automatic.
  автоматический регулируемый потенциал controlled potential.
автор (see **отмеченный авторами**).
агент agent.
  диспергирующий агент disperser; дезактирующий агент decontaminant.
адсорбент adsorbent.
  активный твердый адсорбент active solid.
акт event.
  акт деления fission.
активированный activated.
  обработка активированым углом carbon treatment.
активность activity.
  инфекционная активность infectivity; Синтезированные 1,2-аминоспирты проявляют антимикробную активность. The synthesized 1,2-amino alcohols are antimicrobial. коррозионная активность corrosivity.
активный active.
  активное сопротивление resistance; активная проводимость электрода electrode conductance; координационно-активное соединение coordinated compound; катионно-активный cationic.
алфавитный alphabetical.
  алфавитный указатель index.
алюминиевый aluminum.
  алюминиевые квасцы alum.
анализ analysis (see also **результат анализа**
  термогравиметрический анализ thermogr
  в спектрохимическом анализе in spe
  try; воспроизводимость результов
  cision of results; Проведен сра
  лиз .... We compared .... П
  нофазового анализа .... Acc
  diffraction ....По результ
  вого анализ .... By x-ray
  термины, относящиеся к мето,
  concerning the procedure; эл
  ческий анализ electrogravimet

анализируемый

солей снижает точность анализа salts lower the accuracy; Ход анализа Procedure; Анализ табл. 2 показывает ... . Table 2 shows ... .

анализируемый being analyzed.
состав анализируемой пробы sample composition.

аналитический analytical.
Можно определять примеси, которые имеют аналитические радионуклиды с периодом полураспада более 72 ч. Impurities having radionuclides with half-lives of more than 72 h can be determined. Для обеспечения оперативного аналитического контроля содержаний микроколичества скандия в технологических растворах требуются доступные и экрессные методика анализа. On-line control of trace scandium in industrial solutions requires simple and fast analytical methods.

ангидрид anhydride.
хлорангидрид уксусной кислоты acetyl chloride.

аппарат apparatus.
абсорбционный аппарат absorber.

аппаратура apparatus.
На рис. 1 показано расположение экспериментальной аппаратуры. The experimental layout is shown in Fig. 1.

ассортимент assortment.
ассортимент реактивов на титан titanium reagents.

атмосфера atmosphere.
в атмосфере аргона in argon; очистка атмосферного воздуха air purification; Маленький автомобиль отравляет атмосферу меньше, чем большой. A small car pollutes less than a big one.

атом atom.
замещение атома водорода replacement of hydrogen (in a compound); многие реагенты заставляют атом азота отщеплятьсья в виде аммиака many agents cause the nitrogen to be split off as ammonia; число атомов углерода в молекуле carbon number; Алкилкарбоксилаты с числом углеродных атомов в радикале меньше трех ... . Alkylcarboxylates with less than three carbons in the radical ... .

Б

база (see **на базе**).
бактерия bacterium.
аммонифицирующие бактерии ammonifiers.
блок device.
суммирующий блок adder.
блуждать to wander.
Мы все еще блуждаем в потемках. We are still in the dark.
богатства мира riches of the world.
запасы природных богатств мира natural resources.
более more (see also **как можно более**).
более высокая растворимость higher solubility.
больше, больший larger.
Константа почти в два раза больше, чем .... The constant is twice that of .... Общее количество перенесенного электричества в L раз больше числа атомов. The total electricity transported is L times the number of atoms. в сто рас больший числа атомов углрода one hundred times the carbon number.
большой considerable.
большая энергия energetic; большое значение importance.
будет иметь вид will have the form.
схема элемента будет иметь вид: the cell is ... .
буква letter.
Например, можно использовать буквы d и D вместо d_i и d_e ... . For example, d and D may be used instead of d_i and d_e ... .
бы would.
Если бы даже какой-либо спутник и приблизился к Сатурну на расстояние кольца, он был бы разорван на мелкие осколки. If a satellite had approached Saturn to the distance of the ring it would have been destroyed into small fragments.
был was.
Как было отмечено выше ... . As noted above ... .
было бы себе (see **можно было бы себе**).

В

в in, into (see also **состоять в; входящий в состав; выражен в единицах; используемый в; лежать в пределах; надо иметь в виду; предложенный в; приведенный ... в; приводимые в настоящих рекомендациях; с отклонением в; существующий в; заключаться в**).
взаимодействие в конечном состоянии final state interaction; диффузия в структуре structural diffusion; вошедший в колонку entering the column; водородная пузырьковая камера в Беркли Berkeley hydrogen bubble chamber; длиной в 138 мм 138 mm long; производство синтетического каучука в СССР production of USSR synthetic rubber; В таблице 2 сгруппированы ... . Table 2 groups ... . испарение в вакууме vacuum evaporation. В системе существуют два гидрата фторида ванадила. The system has two vanadyl chloride hydrates. В данной статье рассматривается численное моделирование кривых титрования. This paper numerically models titration curves. заместитель в о-положении an o-substituent; Разность составляет в среднем 0.04. The differences averaged 0.04. равновесие в растворах solution equilibria.

в виде in the form of (see also **механизм в виды; целесообразно записать в виде; представленный в виде**).
образцы в виде спрессованных таблеток compressed tablet samples; потенциал в виде прямоугольной ямы square-well potential; четыре возможных геометрических изомера, каждый из которых существует в виде four possible geometrical isomers, each of which existing as; отделение мышьяка в виде хлорида separation of arsenic as the chloride.

в виду (see **иметься в виду**).

в градусах in degrees.
температура в градусах Цельсия Celsius temperature.

в данном случае in this case.
и в данном случае also.

в диапазоне давлений in a pressure range of.
Эксперименты проводили в диапазоне давлений 50-300 Па. The experiments were carried out at 50-300 Pa.

- в **диапазоне температур** in a temperature range of.
  Эксперименты проводили в диапазоне температур 295-400 К. The experiments were carried out at 295-400 K.
- в **зависимости от** depending on.
  Свойства этих соединений изменяются в зависимости от содержания азота. The properties of these compounds vary with the nitrogen.
- в **изученных условиях** under the studied conditions.
  Угловые коэффициенты в изученных условиях равны ... . The slopes were ... .
- в **интервале** (see **лежать в интервале**).
- в **интервале концентраций** in the concentration interval.
  Разработанная фотометрическая методика позволяет определять скандий в интервале концентраций 0.05-1.0 мг/л. The proposed photometric method can determine 0.05-1.0 mg/L of scandium.
- в **исполнении** in performance.
  Предлагаемая методика отличается простотой в исполнении. The proposed method is simple.
- в **качестве** in the nature of.
  В качестве примеров можно привести ... . Examples are ... . В качестве фонового электролита использовали 0.1 М муравьиную кислоту. The supporting electrolyte was 0.1 M formic acid. В качестве порошковой диафрагмы применяли кварцевый песок. The powder diaphragm was sand.
- в **количестве** in the amount.
  в растворах содержащих NaCl в количестве от 0.1 до 0.2 моль/л. in solutions of 0.1 to 0.2 M NaCl.
- в **колонке** in the column (chromatography).
  поправка на падение давление в колонке pressure-gradient correction factor.
- в **конкретных условиях эксперимента** under specific experimental conditions.
  Если в конкретных условиях эксперимента скорость газа измеряется ... . If the gas flow rate is measured ... .
- в **корпусе** in the casing.

в которой расположен
ускоритель в корпусе высокого давления pressurized accelerator.
в которой расположен in which is placed.
зона, в которой расположен спай термопары the location of the thermocouple.
в котором in which.
участок AB, в котором находится section AB containing; элементы, в которых раствор заменен стандартными растворами cells with the solution replaced by standard solutions.
в которых выражены in which are expressed.
единицы в которых выражени units for.
в молекуле in a molecule.
число атомов углерода в молекуле carbon number.
в ... направление in the ... direction.
в обратном направлении backwards; диффузия в радиальном направалении radial diffusion.
в настоящим in the present.
В настоящей работе ... . This paper ... .
в настоящее время at the present time.
В настоящее время разработаны высокочувствительные методы определения водорода ... [1, 2]. Highly sensitive methods for determining hydrogen have been developed ... [1, 2].
имеющийся в настоящее время available; рассматривается в настоящее время are being examined.
в области in the region of (see also **сторона специалистов работающие в области**).
достижения в области теории theoretical developments; В области от 0.10 до 0.40 В ... . From 0.10 to 0.40 V ... .
в образовании in the formation of.
проявляющееся в образовании размытой области showing a diffuse region.
в определении in the determination.
погрешности в определении эффективности errors of efficiency.
в отношении as regards.
В отношении m-фтортолуола доказано, что ... . With m-fluorotoluene it was shown that ... .
в отсутствие in the absence of.
Винилацетилен под давлением в присутствии или в отсутствии обычных катализаторов ... . Vi-

nylacetylene under pressure with or without the usual catalysts ... .
в плане (see **эффиктивно в плане**).
в ... поле in a ... field.
отклоняется в магнитном поле deflected magnetically.
в пользу in favor of.
что говорить в пользу координационной природы аддукта which indicates the coordinate nature of the adduct; Доказательство в пользу простой формулы отсутствует. Evidence for the simple formula is lacking.
в практике in the practice.
Анализ огнеупорных материалов - один из самых трудоемких и длительных в практике работы лабораторий металлургических производств. Analysis of refractories is one of the most difficult and lengthy operations in metallurgical laboratories.
в пределах (see **регулируемый в пределах**; **лежать в пределах**).
в присутствии in the presence of.
Винилацетилен под давлением в присутствии или в отсутствии обычных катализаторов ... . Vinylacetylene under pressure with or without the usual catalysts ... . востановление фосфатов металлов в присутствии газообразных соединений серы reduction of metal phosphates by gaseous sulfur compounds.
в промышленности in industry.
Заказы на многие части камеры были размещены в промышленности. Most parts of the chamber were put out to contract.
в работе in the study (see also **как утверждается в работе**).
В работе использован совмещенный реактор ... . We used an in-line reactor ... . рекомендованные в работе [2] растворы карбоновых кислот recommended carboxylic acid solutions [2].
в различных объектах in various substances.
Определение карбоната в различных объектах ... . Carbonate determinations ... .
в результате as a result of.
ионизация в результате взаимодействия фотон с произвольной частицей ionization by interac-

в результате измерений

tion of a proton with any particle; Процесс, в результате которого ... . The process by which ... . определение концентрации в результате измерении determination of concentration from the measurement; Образующиеся в результате указанных просецессов соединения: CH_3COOH; $Ni(CH_3COO)_2$. The above reactions yielded CH_3COOH and $Ni(CH_3COO)_2$.

в результате измерений as a result of measurements.
погрешность в результате измерений error.

в свет into the world.
выходить в свет to issue.

в связи с in connection with.
В связи с быстрым развитием работ по анализу, основанному на исследовании термических явлений, весьма желательно ... . The rapid expansion of activity in analysis by thermal phenomena makes it highly desirable ... .

в себе in itself.
объединяющий в себе combining; включает в себе includes.

в случае in the case of (see also **получаться в случае**).
эффективен в случае is effective for; в случае, когда when; в случае большого числа соединений with a large number of compounds; в случае необходимости as required; травление электрода (особенно в случае γ- и ε-фаз) etching of the electrode (especially the γ and ε phases).

в случае использования in the case of the use of.
в случае использования импульсного тока with a pulsed current.

в случае применения in the case of the use of.
в случае применения жидкого электрода with a liquid electrode.

в соответсвии с литературными данными in accordance with the literature data.
Как можно было ожидать в соотвествии с литературными данными [8-10] ... . As may be expected from [8-10] ... .

в состав (see **входящий в состав**).

в состоянии in a state.

в состоянии идеального газа an ideal gas.
- **в ... состоянии** in a ... state.
  в связанном состоянии bound; в горячем состоянии hot; в сухом состоянии dry; в свободном состоянии free; ртуть в элементном состоянии elemental mercury; металл в пассивном состоянии passive metal; компонент в растворимом состоянии dissolved component.
- **в тех случаях** in those cases.
  в тех случаях когда when.
- **в течение** in the course of.
  начинается цикл, в течение которого begins a cycle which; в течение года annually; облучение, проводимое в течение 8 часов an 8-hour bombardment.
- **в течение которого** in the course of which.
  время в течение которого машина дает пучок beam time.
- **в то время** at that time.
  в то время, когда when.
- **в том** (see **состоит в том, чтобы**).
- **в том случае** in that case.
  в том случае если оно существует if it exists.
- **в том смысле, что** in the sense that.
  также полезно в том смысле, что заставляет реакцию идти до конца is also useful in causing the reaction to go to completion.
- **в условиях** under conditions of.
  Это приводит к тому, что ионизация кадмия протекает в условиях недостатка лиганда. This leads, with insufficient ligand, to cadmium ionization.
- **в ... условиях** under ... conditions.
  в изотермических условиях isothermally.
- **в форме** in the form of.
  в форме каналов channeling; мощность в форме излучение radiant power; в форме растра scanned; сигнал в форме пика signal peak.
- **в химической литературе** in the chemical literature.
  известный в химической литературе known.
- **в ходе данной работы** in the course of this work.
  В ходе данной работы было найдено ... . It was found ... .
- **в целом** as a whole.

в целом ряде   18

Документ в целом написан не в систематическом порядке учебника. The document is not arranged in the systematic order of a textbook. для увеличения летучести пробы в целом или одного из компонентов пробы to increase the volatility of a sample or one of its components.
в целом ряде in a whole series.
В целом ряде керамических материалов ... . Ceramics ... .
в целом ряде публикаций in a whole series of publications.
Примеры токого влияния отмечались в целом ряде публикаций [2-6]. Examples of such an effect have been noted [2-6].
в цепи in the circuit.
В цепи сразу же устанавливался катодный ток. A cathodic current was immediately detected.
в эксперименте in the experiment.
непосредственно в эксперименте on-line; В эксперименте использовали потенциостат ПИ-50-1. We used a PI-50-1 potentiostat.
в элементном состоянии in the elemental state.
выделение ртути в элементном состоянии mercury precipitation.
в это время at this time.
Метода в это время развивалась ... . The method was developed ... .
в этой in this.
В этой реакции рождается ... . The reaction creates ... .
в этом механизме in this device.
предположения относительно всех участвующих в этом механизме величин assumptions for all quantities involved.
в этом случае in this case.
Детальное обсуждение этого процесса приведены в [12]. В этом случае более 99% алюминия возгоняется в виде безводного хлорида. An in-depth discussion of the process was presented in [12]. More than 99% of the aluminum was distilled as the chloride.
в этом смысле in this sense.
В этом смысле данная система является когерентной. This system is coherent.
важно, что it is important that.

Важно, что для больших концентраций требуется большее время пробоотбора. Higher concentrations require longer sampling times. (If it weren't important it would not be stated.)

важный important.
иметь важное значение to be significant.

вам to you.
Я буду вам очень признателен, если вы пришлете мне оттиск статьи ... . I would appreciate a copy of your paper ... .

вариант version.
окончательный вариант доклада the final report.

введенный introduced.
Концентрация введеной добавки ... . Concentration of the additive ... .

вводить соответствующая to introduce a suitable.
если не вводить соответствующих поправок unless they are corrected for.

ведет к появлению leads to the appearance of.
Ускорение анодного растворения ведет к появлению скачка коррозионной стойкости сплавов. Accelerated anodic dissolution drops the corrosion resistance of the alloys.

ведь in fact.
Ведь, признаки иссякания запасов Газлийского месторождения ... . The signs of depletion of the Gazli field ... .

велико great.
Так как это расстояние бесконечно велико ... . Because this distance is infinite ... .

величина value (see also **переменая величина; найденная величина; на величину; по величене; составлять величину; соответствующие велилчины**).
обратная величина reciprocal; переменная величина variable; измерение скорости изменения величин measurement of a rate of change; Может понадобиться рассматривать велигина ф. It may be necessary to consider ф. Так как этот множитель является величиной постоянной ... . Since this factor is constant ... . Раньше их называли "безразмерными велилчинами." They were formerly called *dimensionless*. Эти правила могут быть распространены на более сложные

величина, характеризующая

группы величин. These rules may be extended to more complex groupings. Величину ускорения можно вычислить, рассматривая изменение скорости в единицу времени. The acceleration can be calculated by the change in rate per unit time. зависит от величины pH раствора depends on the pH.

величина, характеризующая a value characterizing.
измерения величин, характеризющих содержание компонентов measurements of component contents.

вести to carry out.
вести разработку to develop.

весь all.
отдать весь свой запас тепла to release its store of heat.

весьма very.
Весьма важно точно указывать it is important to specify.

вещество substance.
минеральное вещество mineral; связующее вещество couplant, binder; летучие вещества volatiles; адсорбированое вещество adsorbate; плотность вещества density; элементарные частицы вещества elementary entities; твердое вещество solid; органические вещества organics; относительная молекулярная масса вещества molecular weight; определение концентрации вещества determination of concentration; мещающее вещество interferent; основное вещество base; поверхностно-активное вещество surfactant; взрывчатое вещество explosive; подача вещества путем конвекции convective transfer.

взаимно mutually.
взаимно компенсирующая ошибка compensating error; Оптимизация зачастую взаимно противоречивые. The optimizations are often contradictory.

взаимный mutual.
время взаимного перекрытия overlap time.

взаимодействие interaction.
энергия кулоновского взаимодействия coulombic energy.

взаимосвязь interrelation.
   Угловой коэффициент взаимосвязи $\lg n = \lg C$. The slope of $\log n = \log C$.

взятый taken.
   вещество, взятое за эталон reference substance.

вид 1. form; 2. type (see also **в виде**; **данный вид**; **иметь вид**; **иметься в виду**; **будет иметь вид**; **надо иметь в виду**; **общий вид**; **конкретный вид**; **имеющий вид**; **следующий вид**).
   1. реакция, которая в общем случае имеет вид: the general reaction; схема элемента будет иметь вид: the cell is ... . 2. локальные виды коррозии local corrosion; рекомбинация вида ион-ион ion-ion recombination.

видно, что it is seen that.
   Видно, что с повышением температуры подложки смещается край поглощения пленок ... . Raising the substrate temperature shifts the film absorption edge ... (graph previously cited).

виток loop.
   первые витки орбит initial orbits.

включающий including.
   Единственный серьезный недостаток этого алгоритма - невозможность его применения к системам, включающим более одного окислительно-восстановительного равновесия. The only serious drawback of this algorithm is inapplicability to systems of more than one redox equilibrium.

включенный на included in.
   счетчик, включенный на антисовпадения anticoincidence counter.

влияние effect (see also **оказывать ... влияние**).
   сильное мешающее влияние strong interference; за исключением тех случаев, когда влияние перечисленных искажающих факторов невелико unless the distorting factors are small; Чтобы противодействовать влиянию изменения камерной линзы с длиной волны ... . To counteract the variation with wavelength of the focal length of the camera lens ... . полимеризация под влиянием следов воды polymerization by trace water.

вместе together.
   Вместе с любой группой результатов должны быть

вместимость

опубликованы данные ... . The data should be published with any set of results ... . Известняк и мрамор состоят из маленьких раковинок и крошечных спавшихся вместе зернышек. Limestone and marble are made of small shells and tiny fused grains.
вместимость volume.
колба вместимостью 50 мл 50-ml flask.
внесение addition.
внесение удобрение fertilization.
внесенный made.
Изменения, внесеные в рекомендации changes in the recommendations.
внешний external.
внешний вид атомного спектра appearance of an atomic spectrum.
внимание (see **обращать внимание**; **принимать во внимание**).
вновь newly.
вновь открытый discovered.
вносить to introduce.
вносит поправку на corrects for; вносит вклад contributes.
внутренний internal.
внутреннее согласование данных consistency of the data; внутренняя координационная сфера coordination sphere.
во (see **принимать во внимание**).
во времени with time.
постояное во времени магнитное поле steady magnetic field; Нестойкость реактива К. Фишера во времени ... . The instability of the Karl Fischer reagent ... .
вовсе at all.
вовсе не обязательно is not obligatory.
вода water.
вода природных водоемов natural waters.
возбуждать to excite.
возбуждать импульсами to pulse.
воздействие action.
устойчивость к воздействию Cl^--ионами resistance to Cl^-; радиационное воздействие radiation.
возможность possibility (see also **давать возможность**; **изучение возможности**).

Нами изучена возможность определения хлорфенолов. We studied the determination of chlorophenols.
возможность применения possibility of using.
Настоящая работа посвящена исследованию возможности применения антипирина для электрохимического концентрирования. This paper studies antipyrine for electrochemical preconcentration.
возможность употребления possibility of using.
Ценность составляет возможность употребения . . . . The value is . . . .
возможный possible.
чтобый оценить возможную длительность эксплуатации колонки in assessing the life of the column.
возникать to arise.
За последние годы перед электроаналитическими методами возник ряд проблем, связанных с символикой. Electroanalytical techniques have had problems of symbology in recent years.
возникший originated.
исторически возникшие символы historical symbols.
возрастание increase.
Коэффициенты распределения хлорфенолов закономерно уменьшаются с возрастанием молекулярной массы кетонов. The chlorophenol extraction coefficients decreased smoothly with the ketone molecular weights.
волна wave (see also **длина волны**).
фронт ударной волной shock front.
вообще generally.
Рекомендуется термин "вычитательный" вообще не принимать. It is recommended that *subtractive* be dropped.
вообще говоря generally speaking.
траектория, вообще говоря, не циклоидальна the path is not cycloidal.
вопрос question.
Выбор соответствующего преобразования является практическим, а не теоретическим вопросом. The selection of a suitable transformation is practical rather than theoretical.

ВОПРОС О question concerning.
Я был бы очень благодарен за присылку оттисков по вопросу о симметриях в сильных взаимодействиях и по другой родственной тематике. I would appreciate reprints on symmetries in strong interactions and related topics.

ВОСПРОИЗВОДИМОСТЬ precision.
Разработанная методика отличается простотой, достаточной экспрессностью, воспроизводимость ее характеризуется относительным стандартным отклонением s_r = 0.123. The method developed is simple and fast, with a relative standard deviation (s_r) of 0.123.

ВПЛОТЬ down (to).
уменьшается вплоть до минимального decreases to a minimum.

ВПОЛНЕ perfectly.
Скатерть и салфетки могут вполне иметь текстуру полотна но, тем не менее, они могут состоять из бумаги. The tablecloth and napkins may have a linen texture, but still be paper.

ВПРОЧЕМ however.
Комиссия предпочитала термины, которые давно приняты и длительное время используются, логичнее было бы использовать иную терминологию; впрочем, такие термины было приняты только в случаях исключающих неверное истолкование. The Commission has favored terms which have long been accepted through long usage, though logic would suggest a different terminology. Such terms were accepted only when no misunderstanding may result.

ВРАЩЕНИЕ (see **частоте вращения**).

ВРЕМЯ time (see also **в настоящее время; в то время; в это время; за это время; во времени; за время**).
интервал времени interval; до последнего времени until recently; на протяжении всего времени испарения навески during the entire sample sublimation; в настоящее время at present, presently; время жизни капель drop life; Время затрачиваемое на анализ составляет 30 мин. The analysis takes 30 min. время индукционного периода induction period; определенное число атомов распадется за такой-то период времени a

certain number of atoms will disintegrate in a certain period; в скором время soon; Экспериментальные данные, которыми мы располагаем в настоящее время, недостаточны. The present experimental evidence is not enough. Этот поразительный амфитеатр - одно из наиболее искусных и грандиозных сооружений римского времени. This remarkable amphitheater is one of the most skilful and majestic Roman monuments.

все 1. still; 2. all.
1. Хотя количество данных все возрастает ... . Although the body of data is growing ... . все более и более more and more; 2. Ссылки на все использованные публикации ... . References to cited publications ... . Все определения ... . The definitions ... . формулы всех трех винных кислот formulas for the three tartaric acids.

все ... выше all the ... above.
все перечисленные выше параметры the variables listed.

все наши усилия all our efforts.
Мы сосредоточили все наши усилия на ... . We concentrated on ... .

всего 1. of all; 2. only.
1. Меншчуткин нашел, что реакция идет медленнее всего ... . Menshchutkin found the slowest reaction to be ... . чаще всего mostly; 2. Закон является всего лишь прибизительным законом. The law is only approximate.

вследствие as a result of.
Поглощенная энергия обычно рассеивается вследствие испускания энергий соударенями. The absorbed energy is usually dissipated by collisional transfer of energy.

вспомогательный auxiliary.
вспомогательний приспособление attachment.

встречаться to occur.
Несмешивающиеся растворители встречаются редко. Immiscible solvents are rare.

вступать в to enter into.
вступать в реакцию to react.

вход (see **на входе**).

входить to enter.
В эту группу входят: In this group are ... .

входной entry.

входящий в состав

    входное отверстие для пучка в корпусе камеры the beam window in the chamber.

входящий в состав entering into the composition of.

    растворы солей входящих в состав морской воды solutions of seawater salts.

вы (see **если вы**).

выбирать to choose.

    Объектами исследования выбраны ... . The test samples were ... .

выбор choice.

    выбор места siting.

выборка series, selection.

    последовательная выборка команд instruction sequence.

выглядеть to appear to be.

    Более убедительным выглядит механизм, учитывающий возможность проявления кальцийселктивной мембраной анионообменных своиств. A more convincing mechanism is one that takes into account the possibility of a calcium-selective anion-exchange membrane response.

выдача presentation.

    затрудняет выдачу обоснованных рекомендаций hampers sound recommendations.

выделение evolution.

    перенапряжение выделения водорода hydrogen overvoltage.

выделенный separated.

    ранее выделенный осадок initial precipitate; Возьмем маленький параллелепипед, выделенный в кристаллической решетке. Let us consider a small parallelepiped in a crystal lattice.

выдерханый held.

    Оба метода не чувствуют оксида на образцах, выдержанных в области пассивации. Both methods fail to detect oxide on samples in the passive region.

вызванный brought about.

    ионизация частиц, вызванная высокой температурой particle ionization by a high temperature.

вызывать to give rise to.

    вызывает необходимость разработки новых способов necessitates development of new methods.

вызывающий bringing about.
Причины, вызывающие эти незначительные передвижения ледников, неясны. The causes of these minor glacier movements are unknown.
вызывающий образование bringing about by the formation of.
нагрузка, вызывающая образование трещин cracking load.
выполнение fulfillment.
Машина возвращается к выполнению прерванной задачи. The computer goes back to the interrupted task. Отделение отличается простотой выполнения. The separation is simple.
выполненый fulfilled.
Установление соответствующего преобразования может быть выполнено разными методами. A suitable transformation can be established by various methods.
выполненный performed.
Есть хорошая работа, выполненная ... . There is good work by ... .
выполненный с made with.
Измерения, выполненные с внутренней мишенью ... . Internal target measurements ... .
выполнять 1. to perform; 2. to carry out.
1. Какую роль выполняют эти? What are these for? 2. Измерения на вращающемся дисковом электроде выполняли при частоте вращения 830-3900 об/мин. The rotating disk electrodes were measured at 830-3900 rpm.
выполняться соотношение to fulfill the relation.
Так как в процессе всего эксперимента выполнялось соотношение $c_1 \gg c_2$ ... . Since $c_1 \gg c_2$ during the entire experiment ... .
выпущенный published.
Таблицы констант устойчивости, выпущенные Июпак ... . The IUPAC tables of stability constants.
выражать to express.
Автор выражает благодарность Ю. Н. Михайловскому ... . The author thanks Yu. N. Mikhailovskii ... .
выражен в единицах expressed in units of.
если числитель выражен в единицах объема if the numerator is a volume.

выражение expression (see also **следующим выражением**).
Теоретическая разрешающая способность R_0 определена выражением $R_0 = \lambda/\delta_0\lambda$. The theoretical resolution R_0 is defined by $R_0 = \lambda/\delta_0\lambda$.

выраженный expressed (see also **в которых выражены**).
закон Нернста, выраженный в простой форме the Nernst law in simple form; Относительная природа понятия интенсивности ясно выражена ... . The relative nature of intensity is explicit ... .

выразить (see **можно выразить следующим образом**).

высокий high (see also **с высокой степенью**).
высокое в давление pressurized; высокая энергия energetic; недостаточно высокая точность insufficient accuracy.

выставка display.
выставка и демонстрация тканей demonstration of fabrics.

выход 1. effluent (chromatography); 2. emission.
1. При неполном разделении выход двух или более компонентов может проявиться в виде одного неразрешенного пика. If separation is incomplete, two or more components may appear as one unresolved peak. 2. выход флуоресценции fluorescence.

выходящий emerging.
Эффлюент выходящий из хроматографического слоя ... . The effluent from a chromatographic bed ... .

вычислять to calculate.
По разности между исходной концентрацей и $C_в$ вычисляли концентрацию хлорфенолов в экстракте. The concentration of chlorophenols in the extract was the difference between the original concentration and C_{aq}.

выше above (see also **все ... выше**).
переменная обозначеная выше через x the variable denoted by x.

выявление finding out.
Исследовательские работы [2-4] направлены на выявление принципальных отличий ... . Studies were conducted [2-4] on the main differences ... .

Г

г. abbreviation for year.
  Конференция состоявшейся в октябре 1964 г. .... The conference in October 1964 ....
габаритный size.
  Многие малогабаритные двигатели называются универсальными двигателями. Many small motors are called universal.
газ gas.
  скорость газа flow rate (gas chromatography); выхлопные газы exhaust; давление электронного газа electron pressure.
газовый gaseous.
  Размеры газовой атмосферы с ее облаками из мелких разреженных частиц неизвестны. The size of the atmosphere with its clouds of small particles is unknown.
галактика galaxy.
  Эти две спиральные галактики очень похожи друг на друга не только по своим размерам, но и по составу. These two spirals are similar, not only in size, but also in content.
гальванический (see **образующий гальванический**).
генератор generator.
  генератор переменного тока alternator.
геометрический geometric.
  Поток и геометрические размеры всех участков заданы для всей магнитной цепи. The flux and the dimensions are given for all parts of the magnetic circuit.
геометрия geometry.
  геометрия расположения счетчиков counter layout.
герметизирующий hermetic.
  герметизирующая прокладка gasket.
гидрид hydride.
  органогидридсилан organosilane.
главный principal.
  главный фокус focus.
глубина depth.
  глубина залегания p-n перехода location of a p-n junction.
глубокий deep.
  глубокая благодарность gratitude.

говорит и тот факт points to the fact.
  В пользу этого предположение говорит и тот факт, что ... . Favorable to this approach is that ... .
говоря speaking (see also **вообще говоря**).
  Это верно, вообще говоря, для любой из калибровочных кривых. This generally holds for any of the calibration curves.
год year.
  ежегодно в летние месяцы every summer; прежние рекомендации 1959 года the 1959 recommendations; Космическая эра началась в 1957 году. The space age began in 1957.
горизонт level.
  Иногда на горизонтах 100-500 м содержание кислорода уменьшается. The oxygen content sometimes drops at 100-500 m.
градус (see **в градусах**).
граница boundary.
  граница раздела interface.
графический graphic.
  кристаллографический crystal.
грибки fungi.
  плесневые грибки mold.
группа group (see also **элемент группы**).
  область валентных колебаний C $=$ O группы region of C $=$ O stretching vibrations; анализ на карбонильную группу analysis for carbonyl.

Д

давать, даваться to give.
  время в течение которого машина дает пучок beam time; давать название to name; дает вклад is the contribution; дает удовлетворительные результаты is satisfactory; термины, определения которых даны в terms defined in; приведенная выше формула дается для колонки ... . The above formula is for a column ... . Это обстоятельство дает основание полагать ... . This is the basis for assuming ... . давать определение to define.
давать возможность to allow the possibility of.
  Средства, дающие возможность избежать ... . Methods of avoiding ... .

давление pressure (see also **в диапазоне давлений**).
перегонка при атмосфером давления air distillation; при давлении 1.6 МПа at 1.6 MPa.

дахе какой-либо even any.
Если бы даже какой-либо спутник и приблизился к Сатурну на расстояние кольца, он был бы разорван на мелкие осколки. If a satellite had approached Saturn to the distance of the ring it would have been destroyed into small fragments.

данные data (see also **в соответсвии с литературными данными; полученные данные; представление данных; с учетом данных; приведены данные по; На основании этих данных можно сделать**).
вывод данных display; литературные данные literature; на основе абсолютных данных on an absolute basis; данные рис. 2 Fig. 2; Данные по коррозионной стойкости металлов ... . The corrosion resistance of metals ... . по данным Бамбергера according to Bamberger; по данным электрон-позитронной аннигиляции by electron-positron annihilation; статистические данные statistics; По данным рентгенофазового анализа ... . According to x-ray diffraction ... . фактические данные the facts; анализ алюминия по данным [7] aluminum analysis by [7]; данные элементного анализа elemental analysis.

данные ... зависимости data of the ... dependency.
определенный графически по данным E_p - lg V зависимости determined graphically by E_p vs. log V.

данные об data on.
Данные об относительном удерживании ... . Relative retentions ... .

данные, приведенные data given.
Этот вывод подтверждается данными, приведенными в таблице. This conclusion is borne out in the table.

данный given. (See also **в данном случае; ходе данной работы**).
в данном контексте in a context; плотность данного вещества density; объем удерживания средних членов данной серии retention volume

данный вид

at the middle of the series; данном фотоумножителе in this photomultiplier; в любой данный момент at any moment.

данный вид given type of.
данный вид ионов an ion.

дано given.
Термин дано более узкое по смыслу определение, чем использовались прежде. The term was defined in a narrower meaning than before.

дающий giving.
для преобразований дающих линеаризацию калибровочных кривых for transformations that linearize calibration curves.

два two.
между двумя циклами between cycles.

дважды twice.
Последнюю операцию повторяют дважды. The last operation was repeated.

движение motion.
колебательное движение vibration; Пион изменяет направление своего движения ... . The pion changes its direction ... . перемена движения reversal; вращательное движение вала shaft rotation; выхревой движение eddying.

двойной two-stage.
двойное обратное титрование back-titration.

действие action (see also **под действием; по своему химическому действию**).
защитное действие protection; механизм защитного дейстия protective mechanism; Эта система обладает большим быстродействием. This system is very fast. Этот эффект ускоряется под действием света. The effect is accelerated by light. клей мгновенного действия instantaneous adhesive; мешающие действие interference; Важное значение приобретает резистентность электродов к действию посторонних ионов. Resistance of the electrodes to foreign ions is important. Синтезированные соединения обладают выраженным антимикробным действием при малой концентрации. The synthesized compounds were distinctly antimicrobial at low concentrations. токсикант канцерогенного действия carcinogen.

действующий acting.

Ядерные силы, действующие между протонами ... . The nuclear force between protons ... . селективнодействующий катализатор selective catalyst; активнодействующий active; действующая среда agent; переменно действующии alternating.
делать 1. to take (a photograph); 2. to make.
1. делать снимок to photograph; 2. Мы не делали попыток измерить этот параметр. We have not tried to measure this parameter. делать ссылка на to refer to.
делаться to be made.
Упор делается на ... . Emphasis is on ... .
деление division.
Частное от деления двух единиц ... . A quotient of two units ... .
дело practice (see also **на самом деле**).
архитектурное дело architecture.
дело обстоит the situation is.
Дело обстоит именно так, при условии ... . This is so, providing ... .
демонстрация display (see also **выставка**).
выставка и демонстрация тканей display of fabrics.
деталь article.
добавочная деталь attachment; в производстве деталей нефтепромыслового оборудования in the production of petroleum processing equipment.
детектирование detection.
титриметрическое детектирование titrimetry.
детерминированный (see **жестко детерминированный**).
диаграмма diagram.
схематическая диаграмма schematic.
диаметр diameter.
трубка диаметром 3 мм a 3-mm tube.
диапазон range (see also **в диапазоне давлений**; **в диапазоне температур**).
спектры в диапазоне длина волн 200-1100 нм spectra at 200-1100 nm.
динамический dynamic.
динамический термогравиметрический анализ thermogravimetry.
дифракционный diffraction.
дифракционная решетка grating.

длина length.
  средняя длина свободного пробега mean free path.
длина волны wavelength.
  спектры в диапазоне длина волн 200-1100 нм spectra at 200-1100 nm.
для for (see also **необходимо для**; **предназначенный для**; **применять для**).
  двойный дисковод для гибких дисков dual floppy disk drives; колонка с материалом для набивки packed column; печь для реформинга reforming furnace; Для титрованных использовали ... . The titrants were ... . Для приготовления растворов применяли деминерализованную воду. The solutions were prepared with demineralized water. вещество для сравнения reference materials; Для обеспечения оперативного аналитического контроля содержаний микроколичества скандия в технологических растворах требуются доступные и экрессные методика анализа. On-line control of trace scandium in industrial solutions requires simple and fast analytical methods. установка для опрыскивания sprayer.
для защиты for protection.
  краска для защиты конструкций construction paint.
для которого for which (subject in previous sentence or clause).
  более подробные правила для которых изданы extended rules will be found in.
для ... которого for the ... of which.
  единицы, для определения которых используются units defined in terms of.
для получения for obtaining.
  электролизер для получения хлората chlorate cell.
для ... практики in practice (see also **на практике**; **практика**).
  значение для аналитической практики analytical significance.
для того for the purpose of.
  для того чтобы довести интенсивность одного из пиков до стандартной величины to bring the intensity of one of the peaks to a standard value.

для ... целей for purposes of.
  для аналитичесих целей in analysis.
до as much as.
  до 20 или 40 МэВ 20 or 40 MeV; с точностью до 1 мм with a 1-mm precision; с регулируемым коэффициентом до 10* variable 10*; продолжительность экспозиции до 45 с a 45-s exposure; значительное (до 10-12 г/дм^2) количество фенола considerable phenol (10-12 g/dm^2).
до сих пор thus far.
  До сих пор этот метод не был широко применен, но ... . The method has not been widely used, but ... .
добавка additive.
  усиливающая добавка intensifier.
довольно rather.
  могут варьироваться в довольно широких пределах may be varied over wide limits.
должен should.
  ионы которые должны быть обнаружены ions to be detected.
дополнительный supplementary.
  пруды дополнительного отстояние settling ponds.
допускающий allowable.
  допускающий наложение superposable.
допустимый allowable.
  Предельно допустимые концентрации элементов, не влияющих на определение, приведены в табл. 2. The maximum element concentrations with no effect on the determination are given in Table 2.
достаточно sufficiently.
  не предложен достаточно убедительный механизм no convincing mechanism has been offered; Магнит такой конструкции создает достаточно однородное поле. Such a magnet design ensures a uniform field. Методика достаточно селективна. The method is selective; достаточно очевидно clearly; Разработанная методика отличается простотой, достаточной экспрессностью, воспроизводимость ее характеризуется относительным стандартным отклонением s_r = 0.123. The method developed is simple and fast, with a relative standard deviation (s_r) of 0.123.

достигать to obtain.
  причем почти не было достигнуто перспективных результатов with few promising results; достигаемое в результате адсорбции разделение the separations resulting from adsorption; достигаемое разделение resolution.
достижение (see **направленный к достижению**).
достоверность reliability.
  составить мнение о достоверности приведенных данных to form an opinion of the reported data.
др. abbreviation for others.
  Он изучал адсорбенты другого типа, например серу, индулин, хинин, уголь и др. He also studied adsorbents of other types such as sulfur, inulin, quinine, and carbon.
друг друга one another.
  Эти вещества отличаются только тем, что являются зеркальными изображениями друг друга. These substances differ only in being mirror images.
друг к другу, друг на другу one to another.
  отклик на два входных сигнала, близко расположенных друг к другу response to two closely spaced input signals; Эти две спиральные галактики очень похожи друг на друга не только по своим размерам, но и по составу. These two spirals are similar, not only in size, but also in content.
друг от друга one from another.
  внутри которых уровни находятся очень близко друг от друга within which the levels are very close.
другие факторы other factors.
  Ионая сила раствора и другие факторы (рН, концентрация лиганда) ... . The ionic solution strength, pH, and ligand concentration ... .
другой other.
  Я был бы очень благодарен за присылку оттисков по вопросу о симметриях в сильных взаимодействиях и по другой родственной тематике. I would appreciate reprints on symmetries in strong interactions and related topics.

E

E abbreviation for potential.
  при E = 1.4 V at 1.4 V.
-евский adjective ending of a non-Russian (and Russian) proper name.
  фермиевский резонанс Fermi resonance.
его it.
  обьем детектора, если его используют the volume of the detector, if used.
единица unit (see also **выражен в единицах**).
  приставки к единицам СИ SI prefixes
ее its.
  линейная скорость подвижной фазы внутри колонки, вычисленная как средняя по всему ее сечению the linear velocity of the mobile phase inside a column calculated as the average over the entire cross section.
еже each.
  ежегодная конференция annual conference.
емкость volume.
  стакан емкостью 100 мл a 100-ml beaker.
ему to it.
  Комитет продолжит рассмотрение термина "термическое разложение" и подобных ему терминов. *Thermal decomposition* and similar terms are being further considered by the Committee.
есть there is.
  причем соответствующая единица есть cm^{-1} with a unit of cm^{-1}.
еще still, yet.
  Еще один, последний, метод ... . One final method ... . Еще не описаны реакция этих соединений. No reactions of these compounds have been described.

Ж

же emphasis word.
  аналитической же концентрацией считает the analytical concentration refers to; того же вида, что и ϕ of the same form as ϕ.
жестко детерминированный rigidly determined.
  программы, основанные на жестко детерминированных алгоритмах algorithm-based programs.

живой living.
Некоторые виды рыб питаются крошечными живыми организмами. Some species of fish feed on minute organisms.
жидкостный fluidity.
жидкостная текучность fluidity.
жидкость liquid.
охлаждающая жидкость coolant.
жизнь life.
время жизни капли drop time.
журнал journal.
периодический журнал periodical.

З

за for.
Количество распадающегося углерода уменьшается на половину за каждые 5570 лет. The decaying radioactive carbon halves every 5570 years.
за время during the time.
Объем элюента вошедшего в колонку за время между вводом образца и появлением максимума пика ... . The volume of eluent entering the column between injection of the sample and emergence of the peak maximum ... .
за которым after which.
Этот тип линий обозначает символом элемента, за которым следует римская цифра II. This type of line is indicated by the element symbol, followed by II.
за присылку for sending.
Я был бы очень благодарен за присылку оттисков по вопросу о симметриях в сильных взаимодействиях и по другой родственной тематике. I would appreciate reprints on symmetries in strong interactions and related topics.
за счет due to.
потери за счет уноса drag-out losses; За счет этих процессов концентрация V_2O_5 в пленке может уменьшаться. These reactions can lower the V_2O_5 concentration in the film.
за это время at this time.
Метода за это время развивалась ... . The method has developed ... .
завершенность completeness.

степень завершенность реакции extent of the reaction.

зависимость dependence (see also **в зависимости от**; **данные ... зависимости**).
кривая зависимости давления от температуры temperature-pressure curve; В области пассивности линейность зависимости i, $1/\tau$ нарушается. The linearity of i vs. $1/\tau$ is destroyed in the passive region. Предельные токи обеих волн характеризуются прямо пропорциональной зависимостью от концентрации ионов меди (II). Limiting currents of both waves were proportional to the copper(II) concentration.

загружен loaded.
загружен программой programmed.

заданный given.
в заданных условиях опыта under the experimental conditions.

задача problem.
Автоматизация анализа технологических растворов - важная задача аналитического контрол в промышленности. Automated analysis of commercial solutions is important in industrial process control. Анализ представляет сложную задачу. The analysis is complicated.

задача настоящей the aim of the present.
Задача настоящей работы - исследование особенностей кинетики зарождения питтинга. This paper studies pitting initiation kinetics.

заключаться в to consist in.
Большое преимущество заключается в ... . An important advantage is ... .

закон law.
формирование пленки по параболическому закону parabolic film growth.

закономерность mechanism, regularity.
кинетическая закономерность kinetics; Настоящая работа посвящена изучению закономерностей разряда ионов кадмия(II). This work studies the discharge of cadmium(II).

закрывать to cover.
автоклав закрывали крышкой capped autoclave.

запас reserve.
Признаки иссякания запасов Газлийского месторождения ... . The signs of depletion of the

записать

Gazli field ... .
записать (see **целесообразно записать в виде**).
записывать следующим образом to write as follows.
   Константа рекомендуется записывать следующим образом ... . The recommended constant is ... .
заряженный charged (see also **отрицательно заряженные ионов**).
   ион, заряженный положительно или отризательно positive or negative ion; на положительно заряженной поверхности ртути on the positive mercury.
затрачиваемый spent.
   Время затрачиваемое на анализ ... . The analysis time ... .
зафиксировать to record.
   Плавление меди зафиксировано при температуре 1527 К. The copper fused at 1527 K.
защита (see **для защиты**).
защита от нее protection from it.
   Достижения науки о коррозия и техногии защиты от нее. Corrosion Science and Technology (Book title).
защитный protective.
   нанесенная на поверхность защитную маску surface masking.
здесь here.
   Здесь невозможно подвергнуть подробному обсуждению методику. The method cannot be made the subject of detailed discussion. Здесь, очевидно, имеется несколько возможных способов. Obviously there are several alternative methods.
земля (see **из земли**).
зерно grain.
   измельчение зерна кристаллов crystal reduction; отдельные кристаллические зерна crystallites.
знак sign.
   знак интеграла integral.
значение 1. value; 2. significance.
   1. Значение предела обнаружения ... . The detection limit ... . значение константы равновесия equilibrium constant; значения $m/\Delta m$ необходимо приводить $m/\Delta m$ should be given; этот

интеграл пробегает значения от нуля до бесконечность. The integral runs from zero to infinity. при тех же значениях температуры и давления at the same temperature and pressure; среднее значение average; с повышением значений pH with a rise in pH. 2. Величина момента имеет особенно важное значение. The magnitude of the torque is of special importance. Важное значение приобретает резистентность электродов к действию посторонных ионов. Resistance of the electrodes to foreign ions is imimportant.

зона zone.
В щелевой зоне микроорганизмов меньше, чем на свободной поверхности. Less microorganisms were in crevices than on open surfaces. зона общего владения general domain.

зондовый probe.
зондовый индикаторный микроэлектрод indicator microelectrode.

зрение (see **с точки зрения**).

И

и 1. and; 2. emphasis word (see also **между ... и ...; говорит и тот факт**).
1. молибдат калия и свинца potassium lead molybdate; интервал времени между сигналами "старт" и "стоп" the time interval between start-stop timing signals; Вторичные электроны ускоряются и направляться на другой электрод. The secondary electrons are accelerated to another electrode. соединение элементов группы III и V III-V compound. 2. это я и сделал this is what I did; того же вида, что и ϕ of the same form as ϕ.

и сводится and leads.
упрощается и сводится к измерению is simplified to the measurement (of).

играть роль to play a role.
играет существенную роль is important; растворы, играющие роль мостиков bridge solutions.

идти to proceed (see also **речь ... идет**).
Меншчуткин нашел, что реакция идет медленнее всего ... . Menshchutkin found the slowest re-

идущий в

action to be ... . в котором идет реакция: in which the reaction is ... ; может идти химическое восстановление may be chemically reduced.
идущий в taking place in.
реакция, идущая в элементе cell reaction.
идущий через passing through.
ток, идущий через диафрагму diaphragm current.
из 1. of; 2. from (see also **состоять из**).
1. группы из трех частиц three-particle groups; электрод из угля carbon electrode; Одной из новых концепций ... . One new concept ... . 2. из этих экспериментов были получены these experiments yielded.
из-за due to.
Из-за несферичности ядра усиливается диффузность ядерной поверхности. Nuclear eccentricity enhances the diffuseness of the nuclear surface. изменения из-за набухания swelling changes.
из земли from the earth.
Начиная с 1948 года из Земли было извлечено более 6000 небольших предметов необычайной красоты. Since 1948 more than 6000 small exceedingly beautiful objects have been dug up.
из которых of which.
четыре возможных геометрических изомера, каждый из которых существует в виде four possible geometrical isomers, each as.
из раствора from solution.
осаждения из раствора precipitation.
из этого from this.
из этого следует it follows.
известная методика known method.
синтезировали по известной методике [8] synthesized by [8].
известно (see **как известно**).
известно, что it is known that.
Известно [6], что вещества, содержащие гуанидиновую группу, характеризуются значениями констант протонирования, лежащими между 2.0 и 3.0. Substances containing the guanidine group have protonation constants between 2.0 and 3.0 [6]. ([6] is a cited reference.)
известный known.
известные производные имидазола [1] imidazol

derivatives [1] (where [1] is a cited reference); рассчитывали по известным уравнениям [3] were calculated by the equation in [3].

извлечение extraction.
 экстракционное извлечение extraction.

изготовление preparation.
 При изготовлении некоторых сортов бумаги ... . For some types of paper ... .

излагаемый presented.
 простой подход, излагаемый в общих чертах a simple approach, outlined below.

изложение presentation.
 изложения настоящих рекомендаций these recommendations.

излучение radiation.
 длинноволновая часть инфракрасного излучения long-wave infrared; активация гамма-излучением gamma activation; поглотитель альфа излучение alpha absorber; энергетическая яркость излучения radiance; фотоэлектрический приемник излучения photoelectric detector; воздействие уф-излучения на влажный воздух action of UV on moist air; приемник излучения receiver; поток излучения через монохроматор flux through a monochromator.

изменение change (see also **описывать изменение**).
 хронокулонометрия со ступенчатым изменением потенциала potential-step chronocoulometry; график изменения интенсивности в зависимости от времени the plot of intensity versus time; уравнения, описывающая изменение скорости атмосферной коррозии металлов во времени equations for the effect of time on atmospheric corrosion rates.

измерение measurement (see also **в результате измерений; как результат измерения; как показали экспериментальные измерения**).
 Кельвин, единица измерения температуры по термодинамической шкале, равен ... . The kelvin, unit of thermodynamic temperature, is ... . результаты измерений results; микроамперметр с диапазоном измирений от 1 до 1000 мА microammeter with a range of 1 to 1000 mA.

измерительный measuring.
 погрешность измерительного прибора instrumen-

ИЗОТЕРМИЧЕСКИЕ УСЛОВИЯ 44

tal error. Водород транспортировался в измерительную камеру содержащую сенсор. Hydrogen was transported to a sensor-equipped chamber.
счетно-измерительный канал counting channel.

изотермические условия isothermal conditions.
Указанная особенность наглядно проявляется при исследовании кинетики окисления алмазов в изотермических условиях, при $T = 273$ К. The property was obvious on studying the diamond oxidation kinetics at 273 К.

изучение study (see also **результат изучения**).
Изучение Кинетики Фторирования Fluorination Kinetics; работы по изучению поляризации протонов work on proton polarization.

изучение возможности a study of the possibility of.
В настоящей работе изучена возможность повышения набирательности реакций титана. This paper raises the selectivity of titanium reactions.

изученный studied (see also **в изученных условиях**).
во всех изученных растворах in all the solutions.

им to them.
механические и им подобные величины mechanical and related quantities.

имени (dative of имя) name.
Приборы должны называться по имени измеряемых ими величин. Instruments should be named for the quantities they measure.

именно precisely.
при работа именно со стационарными электродами with stationary electrodes; Дело обстоит именно так, при условии ... . This is so, providing ... . метод следует называть именно таким образом the method should be so designated.

иметь (see **будет иметь вид**).

иметь в виду (see **надо иметь в виду**).

иметь вид to have the appearance.
реакция, которая в общем случае имеет вид: the general reaction ... ; Уравнение ракции имеет вид ... . The reaction equation is ... .

иметь место to take place.
может иметь место распад can decay.

иметься в виду to bear in mind.

В этом разделе имеются в виду термины и символы описывающие спектрографы. In this section terms and symbols are described for spectrographs.
имеющий having.
имеющая трудность the difficulty; другие единицы, имеющие специальные названия other specially named units.
имеющий вид having the form of.
взвешивания в миниатюрних химических лабораториях, имеющих вид запаянного стеклянного сосуда weighings in miniature chemical laboratories sealed in glass.
ими by them.
Частицы достигают энергии, во много раз превышающей энергию, полученную ими при прохождении каждого промежутка. The particles attain an energy many times the energy gained at each gap.
импульс pulse (see also **с импульсом**).
волновой импульс wave; Импульс от счетчика задерживался на 50 нс. The counter was delayed by 50 ns. сцинтилляционные импульсы scintillations.
индикация indication, display.
омметр с цифровой индикацией digital ohmmeter.
индукция induction.
поток магнитной индукции magnetic flux.
инженер engineer.
инженер-гальваник plater.
интенсивность intensity.
интенсивность излучения radiance; Интенсивность светопоглощения раствора ... . The solution absorbance ... .
интервал (see **в интервале концентраций**).
интервал температур temperature interval.
в интервале температур 285-355 K at 285-355 K.
информация на information on.
информация на входе input.
информация о information on.
Информация о структурных изменениях представлена в таблице 2. Table 2 lists the structural changes.
ион ion.
устойчивость к воздействию Cl⁻-ионами resis-

tance to Cl$^-$; концентрация иона Mg^{++} the concentration of Mg^{++}; Настоящая работа посвящена изучению закономерностей разряда ионов кадмия-(II). This work studies the discharge of cadmium(II).

ирующий ing.
контролирующий элемент control element.

исполнение (see **в исполнении**).

использован used.
В качестве исходного соединения был использован ... . The parent compound was ... .

использование use (see also **наблюдаемый при использовании; проведенный с использованием; с использованием; исследование, связанный с использованием; прибегать к использованию; в случае использования**).
годный для использования suitable for; В нашем эксперименте изучаются n-p-взаимодействия с использованием той же методики. Our experiment concerns n-p interactions with the same technique. Это не будет простое использование гигантских антены. It will not be through giant antennas. Использование диоксида углерода приводит к частичной пассивации поверхности частиц. The carbon dioxide partially passivates each particle surface.

использовать, использоваться to use, to be of use (see also **чтобы использовать; чтобы можно было использовать; который может использоваться**).
Использовали реактивы ... . The reagents were ... . Используются как электрические, так и магнитные поля. The fields are both electric and magnetic. Обычно предпочтительно использовать серную кислоту ... . Sulfuric acid is generally preferred ... . Рекомендуется использовать международную систему единиц СИ. The International System of Units (SI) is recommended. Чтобы описать, как оптическая система пропускает, отражает или поглащает излучение, используются три выражения. Three expressions describe how an optical system transmits, reflects, or absorbs radiation. Методика можно использовать при контроле вод атомных электростаннции. The method can monitor atomic

power plant waters. Это позволяет использовать простой подход. This allows a simple approach. Для маскирования железа(III) использовали аскорбиновую кислоту. The iron(III) was masked with ascorbic acid. Термин дано более узкое по смыслу определение, чем использовались прежде. The term was defined in a narrower meaning than before.

используемый used.
Используемые единицы всегда должны быть тщательно и ясно установлены. The units should always be stated carefully and explicitly.

используемый в used in.
обозначения, используемые в спектроскопии symbols for spectroscopy; материалы используемые в металлургии metallurgical materials.

используемый на used in.
используемый на практике в промышленности common in industry.

использующий using.
счетчик, использующий дрейф лития lithium-drift detector.

испускаемый emitted.
Кандела равна силе света, испускаемого в перпендикулярном направлении. The candela is the perpendicular luminous intensity.

исследование study (see also **результаты исследования; таким образом, по результатом проведенных исследований можно сделать**).
анализ данных исследования data processing. Физико-химическое Исследование Соединения $VOF_2 \cdot 4H_2O$ (title of a paper) Physical Chemistry of $VOF_2 \cdot 4H_2O$

исследование, связанное с использованием a study connected with the use of.
в исследованиях, связанных с использованием ряда методов in multiple techniques.

исследуемый under study.
исседуемые образцы the samples.

исходный original (see also **являющийся исходным**).
образование исходного спирта alcohol regeneration; исходный галогенид олова синтезировал the tin halide was synthesized.

исходя из proceeding from.

их

Исходя из принципов волновой механики, можно предсказать поляризацию этих линий. The polarization of these lines can be predicted from wave mechanics. Исходя из той системы ... . By the same system ... . Исходя из теории открытых пор, считают, что ... . The open-pore theory holds that ... .

их their.

Краткое описание после названий физических величин служит только для их идентифиации. A brief description after names of physical quantities is merely for identification. Результаты и Их Обсуждение Results and Discussion (heading). Определение железа в цветных металлах и их сплавах ... . The determination of iron in nonferrous metals and alloys ... .

К

к to (see also **друг к другу**; **направленный к достихению**; **приводящия к**; **сводиться к**; **приведенный к**; **принадлехать к соединениям**; **отнесенный к**; **прибегать к использованию**; **может отнести к категории**; **от места до месту**).

чувствительный к заряду charge-sensitive.

к этому to this.

в добавление к этому in addition.

каждый each.

Выбранный реагент в каждом конкретном случае ... . The reagent chosen in a particular case ... . Каждый день планируется проводить два заседания. It is planned to have two sessions a day.

казаться to appear.

Изменение, введенное в схему Коперника, на первый взгляд казалось настолько несущественным, что даже Диггес не сумел оценить его значения. The change introduced in the Copernican scheme was at first sight so slight that even Digges failed to appreciate its significance.

как (see **рассчитанный как**; **следует расценивать как**; **определяться как**; **после того как**).

как можно более as much as possible.

как можно более широко согласия wider agree-

ment.
как известно as is known.
   Как известно 1,2-аминоспирты в основом получаются путем взаимодействия аминов с оксиранами [6]. The 1,2-aminoalcohols are generally prepared by reactions of amines with oxiranes [6]. ([6] is a cited reference.)
как описано as described.
   Концентрацию ниобия определяли, как описано в работе [6]. The niobium concentration was determined by [6].
как показали экспериментальные измерения as shown in experimental measurements.
   Как показали экспериментальные измерения, pH оказался выше 4. The pH was higher than 4.
как результат измерения as a result of measurement.
   определяемый как результат измерения determined.
как утверждаеться в работе as is stated in the work of.
   Уменьшение инверсионного пика Pb не связано с присутствием в растворе кислорода, как утверждается в работе [4]. The decrease in the Pb stripping peak was independent of dissolved oxygen [4].
как функции as a function.
   фактические потери массы как функции времени actual weight losses with time.
как это следует из экспериментальных результатов As follows from the experimental facts.
   Заключение: Как это следует из экспериментальных результатов, коррозия нержавеющей стали связана с ... . Conclusion: The stainless steel corrosion was due to ... .
какой-либо 1. any; 2. some.
   1. какой-либо другой электрод another electrode; 2. Предъявляются какие-либо особые требования ... . There are special requirements ... .
какой-нибудь some.
   Предъявляются какие-нибудь особые требования ... . There are special requirements ... .
какой-то a kind of.
   в каких-то узких пределах within a small re-

gion.

как-то somehow.
рекомендуется как-то отделять его it is recommended that it be separated.

камень rock.
амазонский камень amazonite.

канал channel.
вентиляционный канал vent.

касающийся concerning.
Теоретические вопросы, касающиеся этого явления ... . Theoretical aspects of the effect ... .

категория (see **может отнести к категории**).

качество quality (see also **в качестве**).
в качестве подгруппы as a subgroup.

квалификация grade.
реактивы квалификации х. ч. cp reagents (cp = chemically pure).

кварцевый quartz.
В качестве порошковой диафрагмы пременяли кварцевый песок. The powder diaphragm was sand.

кирпич brick.
огнеупорный кирпич a refractory.

кислород oxygen.
окисление кислородом воздуха air oxidation.

кислота acid (see also **серная кислота**; **соль** ... **кислоты**; **эфир** ... **кислоты**).
ангидрид кислоты anhydride; альдегид уксусной кислоты acetaldehyde.

кислотный acid.
серно-кислотный цикл sulfur cycle.

когда when (see also **тот случай, когда необходимо**)
за исключением тех случаев, когда влияние перечисленных искажающих факторов невелико unless the distorting factors are small; Когда работа была закончена, мы пошли домой. The work finished we went home. когда необходимо подчеркнуть тип индикаторного электрода to denote the indicator electrode.

код code.
преобразователи амплитуды в цифровой код analog-to-digital converters.

колебание vibration.

частота бетатронных колебаний betatron frequency; Наличие границ может привести к резонансным колебаниям ... . Boundaries can lead to resonances ... .

количество amount.
количество электричества charge; количество освещения exposure; соотношение количества жидкой фазы и твердого носителя the ratio of liquid phase to solid support; определение полного количества воды determination of total water; все количество алдола, необходимого all the aldol needed; достаточное количество enough; количество частицы fraction; количество пробы sample; значительное количество работ considerable work; следовые количества Si, Cr, S trace Si, Cr, S; Количество распадающегося углерода уменьшается на половину каждые 5570 лет. The decaying radioactive carbon halves every 5570 years. Общее количество перенесенного электричества в L раз больше числа атомов. The total electricity transported is L times the number of atoms. количество теплоты, необходимое, чтобы поднять температуру 1 г воды на 1^0 C the heat needed to raise the temperature of 1 g of water 1^0 C; Для обеспечения оперативного аналитического контроля содержаний микроколичества скандия в технологических растворах требуются доступные и экспрессные методика анализа. On-line control of trace scandium in industrial solutions requires simple and fast analytical methods.

колония colony.
Интересно, что этот крупный самец практически не встречал оппозиции со стороны других галок колонии. It was interesting that this big male experienced little or no opposition from the other jackdaws.

колонка column (see also **в колонке**).
собственный газовый объем колонки interstitial volume (chromatography); холостой объем колонки void volume (chromatography).

комбинация combination.
Энтропия разбавления дается комбинацией = R = CuN$_1$. The entropy of dilution is given by = R = CuN$_1$.

компаунд compound.
  эпоксикомпаунд epoxy.
комплекс complex.
  карбонилнитрозильные комплексы никеля nickel carbonyl nitrosyls; хелатный комплекс chelate.
компонент component.
  объем компонента A volume of A (if A had previously been defined); сопутствующий компонент concomitant.
конец end.
  В конце концов это окупится. It will pay in the end.
конкретный concrete, specific (see also **в конкретных условиях эксперимента**).
  Метод применен для анализа ряда конкретных объектов. The method was used to analyze a number of substances. конкретная физическая величина a physical quantity.
конкретный вид concrete type.
  при некоторых конкретных видах преобразования in certain transformations.
контур circuit.
  поглотительный контур absorber (electronics).
конференция (see **на конференцию**).
концентрация concentration (see also **представление концентрации**; **в интервале концентраций**).
  в интервале концентраций 5-20 мг/л between 5 and 20 mg/L; концентрационная константа устойчивости stability constant; концентрационная константа равновесия equilibrium constant; определение концентрации воды в $SnCl_4$ determination of water in $SnCl_4$.
координата coordinate.
  параллельно оси координат parallel to the axes.
координированный coordinated.
  координированный лиганд ligand.
корпус housing (see also **в корпуса**).
  входное отверстие для пучка в корпусе камеры the beam window in the chamber.
коррозия corrosion.
  в раствор 2 все стали подвергались питтинговой коррозии all the steels pitted in solution 2.
косой крест sloping cross.
  косой крест "x" an x.
который which (see also **в которых**; **в которых вы-**

рахены; в течение которого; для которого; из которых; употребление которого; в которой расположен; за которым).
реакция, которая в общем случае имеет вид: the general reaction: часть колонки, которая содержит материал для набивки packed section of a column; ионы которые должны быть обнаружены ions to be detected; Ион, который образуется, когда молекула теряет электрон. The ion produced when a molecule loses an electron. Эту энергию, которую обычно выражают в электрон-вольтах, ... This energy, usually stated in electron volts, ... Продукт, анализ которого соответствовал формуле ... . The product with analysis corresponding to ... . масс-спектр, который наблюдается the mass spectrum observed; диафрагма, которая располагалась в боковом отростке a diaphragm in a side arm; термины, определения которых даны в terms defined in; Разделы прикладной математики, которые используются в химии ... . The applied mathematics used in chemistry ... . синтез которого осуществляли путем synthesized by; четыре возможных геометрических изомера, каждый из которых существует возможность four possible geometrical isomers, each as; интенсивности, отношение которых известно intensities of known ratios; Пирамида — массивное сооружение, которое особенно часто встречается в Египте. A pyramid is a massive monument found especially in Egypt. Мы представляем себе кулоны как крупные сгустки электронов, которые движутся по цепи. We picture coulombs as great bunches of electrons flowing around the circuit.

который who.
Даже тем авторам, которые последуют приводимым ниже рекомендациям ... . Even authors following the recommendations below ... .

который может использоваться which may be used.
преобразователь который может использоваться для создания солнечных батерей a transducer for solar batteries.

который мы рспологаем which we display.
Экспериментальные данные, которыми мы располагаем в настоящее время, недостаточны. The pre-

который находится which is found.
 Капилляры представляют собой микроскопические сосуды, которые находится в тканях и соединяют артерии и вены. Capillaries are microscopic vessels in the tissues connecting the arteries and veins.
который нельзя which cannot be.
 ион со структурой, которую нельзя получить из исходного иона an ion with a structure unobtainable from the parent ion.
который осуществлял which was accomplished.
 синтез которого осуществлял путем synthesized by.
который получился which was obtained.
 Исходный ион из которого получился фрагментный ион. Parent ion of a fragment ion.
который содержит which contains.
 часть колонки, которая содержит материал для набивки packed section of a column.
коэффициент coefficient.
 коэффициент поглощения absorptivity; коэффициент отражения reflectance; с регулируемым коэффициентом до 10^* variable 10^*; коэффициент относительной чувствительности sensitivity; коэффициент чувствительности sensitivity; коэффициент пропускания transmittance (spectrography); коэффициент полезного действия efficiency (semiconductors).
кратный multiple.
 двукратно ионизованный doubly ionized.
крест (see **косой крест**).
кривая curve.
 Форма пиков приблизительно соответствует кривой Гаусса. The peaks are approximately Gaussian. Отрезок, отсекаемый кривой на оси, дает ... . The axis intercept gives ... .
критерий criterion.
 критерий разделения может быть выражен следующим уравнением: the resolution may be expressed by; t-критерий стьюдента Student's t.
круглый round.
 круглые образцы типа "шайба" disk samples.
курс course.
 Курс аналитической химии Analytical Chemistry

(book title).

Л

латунь brass.
  обесцинкование латуни dezincification.
легирующий alloying.
  легирующая добавка dopant.
лежать to lie.
  Примерно в 25 милях к северу от Шираза лежит небольшой городок Малин. About 25 miles north of Shiraz is the little town of Malyn.
лежать в интервале to lie within the interval.
  Значения скорости сканирования лежат в интервале 50-100 мВ/с. The scanning rates are 50-100 mV/s.
лежать в пределах to lie within the limits.
  лежала в пределах от 4 до 0.9 μm was from 4 to 9 μm.
лежать в основе to form the basis of.
  физические законы лежащие в основе явления радиоактивности the laws of radioactivity.
лежащий lying.
  Известно [6], что вещества, содержащие гуанидиновую группу, характеризуются значениями констант протонирования, лежащими между 2.0 и 3.0. Substances containing the guanidine group have protonation constants between 2.0 and 3.0 [6].
лесной timber.
  Гигантские секвойи образуют лесные пояса к северу от Сан-Франциско. Giant sequoias form belts north of San Francisco.
линейка ruler.
  масштабная линейка scale.
линейный linear.
  линейная скорость горения burning rate.
лист sheet.
  лист бумаги paper.
литер letter.
  литер F An F.
литература (see **в химической литературе**).
литературный (see **в соответсвии с литературными данными**).
литический lytic.

лишь
 электролитический осадок electrodeposit.
лишь only.
 Нельзя считать, что эта идентичность является лишь кажущейся. This law should not be regarded as apparent.
логический logical.
 логическое ударение emphasis.
луч ray, beam.
 ионизация лазерным лучом laser ionization; инфракрасные лучи infrared.
луче- ray.
 лучепоглощательная способность absorptivity; двойное лучепреломление double refraction.
любой any.
 для проведения любой операции for an operation; Если принять, что в любой момент титрования дистигается равновесие ... . If equilibrium is reached at a point in the titration ... .

М

мал small.
 пренебрежимо мал по сравнению с объемом удерживания negligible compared with the retention volume; ничтожно мал negligible; образование микроскопически малых трещин formation of microscopic cracks. Если бы, например, масса Юпитера была бесконечно малой, то его период был бы всего на двое суток длиннее, чем в настоящее время. If, for example, the mass of Jupiter were infinitesimal, its period would only be two days longer than it is at present. Если бы Земля имела исчезающе малую массу, то ее период был бы на 48 секунд длиннее года. If the Earth had an infinitesimal mass, its period would be 48 seconds longer than one year.
масса 1. substance; 2. mass.
 1. расплавленная масса fusion; пластмассы plastics; 2. проба массой 1 г a 1-g sample.
массив body.
 массив данных наблюдений observational data.
математический mathematical.
 Математические расчеты проводили ... . Calcu-

lations were made ... . математический планирование эксперимента experimental design; математическая статистика statistics.
материал material (see also **с материалом**).
композиционный материал composite; материал для набивки packing; набивочный материал packing; облицовочный материал lining; огнеупорный материал refractory; спекшийся материал cake; твердый материал solid; часть колонки, которая содержит материал для набивки packed section of a column; Применение Низкотемпературной Плазмы для Травления Материалов Low Temperature Plasma for Etching; абразионный материал abrasive; твердый носитель не является инертным материалом the solid support is not inert; керамигеские материалы ceramics; Материалом капсулы служила танталовая фольга. The capsule was tantalum foil. фактический материал the facts; изоляционный материал insulation; диэлектрический материал dielectric.
материал на основе material based on.
керамические материалы на основе диоксида титана titanium dioxide ceramics.
машина machine.
время в течение которого машина дает пучок beam time; вычислительная машина computer.
между between.
расстояние между уровнями level spacing; расстояния между спектральными линиями separation of spectral lines.
между ... и ....
равновесие между жидкостью и паром vapor-liquid equilibrium.
мелкий fine (see also **система мелких отверстий**).
мелкая пыль на Луне dust on the moon.
мера (see **принять меры; по мере**).
место 1. point; 2. place (see also **иметь место; на место; от места до месту**).
1. При разработке методика анализа важное место было ... . In developing an analytical method it was important that ... . 2. местожительство, местопребывание residence; местонахождение, месторасположение location.
месторождение deposit.
жильное месторождение vein.

месяц month.

ежегодно в летние месяцы every summer.

металл metal.

фосфиды редкоземельных металлов rare-earth phosphides; уравнения, описывающая изменение скорости атмосферной коррозии металлов во времени equations for the effect of time on atmospheric corrosion rates; анализ руд цветных металлов analysis of nonferrous ores; Определение железа в сплавах цветных металлов ... . The determination of iron in nonferrous alloys ... .

металлический metallic.

Исходный раствор соли титана(IV) готовили растворением 1.0 г металлического титана в 100 мл H_2SO_4. A stock solution of titanium(IV) salt was prepared by dissolving 1.0 g of titanium in 100 ml of 1:5 H_2SO_4.

металлургический metallurgical.

пирометаллургическая обработка pyroprocessing.

металлургия metallurgy.

Совещение спектроскопистов-аналитиков цветной металлургии. Conference of Analytical Nonferrous Spectroscopists.

метод method.

анализировали спектрографическим методом analyzed spectrographically; Методы анализа вещества высокой чистоты ... . Analysis of ultrapure substances ... . микрометоды анализа органических соединений organic microanalysis; результаты фотометрическим методом results by photometry; электромеханический метод electromachining; определение молибдена методом инверсионной вольтамперометрии determination of molybdenum by stripping voltammetry; математические методы в химической технике mathematics in chemical technology; химические методы анализа chemical analysis; для определения церия применен люминесцентный метод cerium was determined by luminescence; Определение редкоземельных элементов в сталях спектрофотометрическим методом Spectrophotometric Determination of Rare Earths in Steels. Методы эксперимента в органический химий Experimental Organic Chemistry (Book title).

методика method (see also **проводить по описанной методике**; известная **ме**тодика).
  методика соосаждения coprecipitation; Разработана методика спектрофотометрического определения титана. A spectrophotometric determination of titanium was developed. Пленочные мембраны готовили по методике [7]. The membranes were prepared by [7].
метрический metric.
  редоксметрический redox.
метрология metrology.
  Метрология аналитического контроля производств цветной металлургии. Analytical Control in Nonferrous Metallurgy.
механизм 1. device; 2. mechanism (see also **в этом механизме**).
  1. Лентопротяжный механизм автоматический. The tape transport is automatic. После того как нейлон расплавится, его прогоняют через систему мелких отверстий в прядильном механизме. The molten nylon is pumped through the spinneret. 2. по диссоциатному механизму by dissociation; восстановление ионов водорода по каталитическому механизму catalytic reduction of hydrogen ions.
механизм в виде device in the form of.
  механизм в виде двигателя motor.
механический mechanical.
  механическая прочность на изгиб bending strength; оптик механическое трансформирование optical reactivation.
микро micro.
  индивидуальная микро ЭВМ personal computer; строение микрорельефа поверхности relief.
минеральный mineral.
  минеральное удобрение fertilizer.
мир (see **богатства мира**).
мне to me.
  Я буду вам очень признателен, если вы пришлете мне оттиск статьи ... . I would appreciate a copy of your paper ... .
могут быть may be.
  Полимолекулярные слои различных веществ могут быть наложены ... . Multilayers of different substances deposit ... .

могут считаться may be considered.
Величины не могут считаться абсолютными. The values are not absolute.
модуль module.
модуль с двумя дискриминаторами dual discriminator.
модуль, содержащий module containing.
модуль, содержащий два линейных смесителя dual linear fan-in.
может (see **который может использоваться**).
может быть may be.
Дисперсия может быть определена различными путями. Dispersion is defined in different ways. Метод может быть рекомендован для ... . The method is recommended for ... .
может отнести к категории can refer to the category of.
Большую часть присутствующих в растворах комплексов можно отнести к категории электрохимически активных. Much of the dissolved complexes are electrochemically active.
можно it is possible (see also **как можно более**; **таким образом** ...).
При внимательном взгляде на гранит можно обнаружить мельчайшие кристаллы. When you look at granite carefully, you see tiny crystals.
можно было бы себе may be.
можно было бы себе представить conceivably.
можно выразить следующим образом: can be expressed as follows:
Кинетическое уравнение можно выразить следующим образом: The kinetic equation is ... .
можно отметить, что it may be noted that.
Резюмируя сказанное, можно отметить, что при определении влияния микроорганизмов на коррозионные процессы ... . Summarizing, determinations of the effect of microorganisms on corrosion ... .
можно представить can be provided.
Принимая во внимание полученные результаты, состав комплекса можно представить следующим образом: The results show the composition of the complex to be as follows:
можно привести следующий may be given by the following.

В качестве примеров можно привести следующие: ... . Examples are ... .

можно считать, что it may be considered that.
можно считать, что эти параметры достигает these parameters reach.

мойка washing.
очистка ультразвуковой мойкой ultrasonic cleaning

молекула molecule (see also **в молекуле**).
Как видно из масс-спектра молекулы UCl_6 ... . As is seen from the UCl_6 mass spectrum ... . Соединения могут содержать в своей структуре молекулы растворитреля. The compounds may contain a solvent in its structure.

молекулярный molecular.
Полимолекулярные слои различных веществ могут быть наложены ... . Multilayers of different substances deposit ... . высокомолекулярные полимеры high polymers.

момент moment, point.
в любой момент времени t at any time t; время от момента ввода пробы the time from injection of the sample; релаксация ядерных магнитных моментов nuclear magnetic relaxation.

мочь may.
много соединения могут содержать растворители many compounds contain solvent.

мощность power.
микроволновая печь (мощность 1180 Вт) microwave furnace (1180 W).

мы (see **который мы располагаем**).

Н

на 1. of; 2. at; 3. on; 4. for; 5. concerning; 6. by (see also **используемый на**; **основанный на**; **информация на**; **произведение ... на ...**).
1. анализатор с отклонением в магнитном поле на π радианов π-radian magnetic field analyzer; механическая прочность на изгиб bending strength; снижение на 65% a 65% decrease; генератор Ван-де-Граафа на 3 МэВ a 3 MeV Van de Graaff machine; 2. реакция на электрод electrode reaction; 3. регистрация на фотографической пластинке photographic plate recording;

питтингообразовании на сплавах alloy pitting; На рис. 2 приведены ... . Figure 2 shows... . На этих снимках видна ... . These photographs show ... . 4. поправочный фактор на градиент давления pressure-gradient correction factor; 5. чтобы указать на это to indicate this; 6. количество теплоты, необходимое, чтобы поднять температуру 1 г воды на 1^0 C the heat needed to raise the temperature of one gram of water one degree Centigrade; Количество распадающегося углерода уменьшается на половину каждые 5570 лет. The decaying radioactive carbon halves every 5570 years.

на базе based on.
изготовление дрейфовых счетчиков на базе лития preparation of Li-drifted counters.

на величину on the value.
оказывает влияние на величину порога affects the threshold.

на входе input.
нулевой уровень на входе усилителя baseline of an amplifier.

на конференцию to the conference.
Работа, преставленная на конференцию. Contributed paper.

на место to a place.
С помощью саней громоздкая киноаппаратура была перевезена на место ниже по течению реки. The sleighs took the bulky cameras down-river.
установка на место positioning.

на обработку for processing.
На обработку одной траектории требовалось 6 минут машинного времени. The computer time was 6 minutes per trajectory.

на основании on the basis of.
Однако, на основании имеющейся у нас статистики, мы не можем определить этот параметр. With our present statistics, however, we are unable to determine this parameter.

На основании этих данных можно сделать On the basis of these data it is possible to make.
На основании этих данных можно сделать вывод, что ... . Thus ... .

на основе on the basis of.

на основе схемы in the diagram; керамические материалы на основе диоксида титана titanium dioxide ceramics.
на основе представлений on the basis of the concept.
выведенные на основе представлений derived from.
на основе сплава on the basis of an alloy of.
мембрана на основе сплава палладий-рутений palladium-ruthenium membrane.
на практике in practice (see also **практика**; **для практики**; **применяемый на практика**).
осуществлять на практике to implement.
на примере as an example.
Влияния температуры и давления рассмотрены на примере катализатора, состоящего фосфорной кислоты. The effects of temperature and pressure were studied with a phosphoric acid catalyst.
на ... предприятиях in ... plants.
Ускорители выпускаются на промышленных предприятиях. The accelerators are produced industrially.
на расстоянии at a distance of.
реакторная камера на расстоянии 70 мм от электрода a reaction chamber 70 mm from the electrode.
на самон деле really, actually.
Однако на самом деле это не так. This, however, is not the case.
на то 1. to the effect; 2. by the fact.
1. Эти эксперименты дают указание на то, что ... . These experiments hint that ... . 2. На то что это разрушение имеет место ... . That this breakdown takes place ... .
на экран on a screen.
вывод на экран display.
наблюдаемый observed.
случайность наблюдаемых расхождений the deviation randomness; Наблюдаемое торможение может быть интерпретировано как ... . The inhibition may be interpreted as ... .
наблюдаемый при испсользовании observed in the use of.
наблюдаемые при использовании открытых систем потери золота вызваны gold was lost in open

наблюдаться 64

systems by.
наблюдаться to be observed.
С возрастанием плотности тока наблюдается увеличение никеля в осадке. A current density rise increases the nickel content in the plating.
навеска weighed portion.
Навеска образца массой 0.250 г ... . A 0.250-g sample ... .
надежно reliably.
создание метода, позволяющего надежно анализировать сложные горные породы development of a method for analyzing complex rocks.
надежный reliable.
система детектирования для надежной идентификации вещества detection system for identifying a substance; надежные данные data.
надо иметь в виду что it must be borne in mind that.
Если придерживаться приведенного выше определения pH, то надо иметь в виду что его значение зависит от ... . If the definition of pH given above is adhered to, then it depends on ... .
надо сказать, что it must be said that.
Надо сказать, что описанный метод является уникалным способом. The method is unique.
названный named.
некоторые из названных эффектов some of the effects.
называть to refer to.
Нуклидами называют атомы, имеющие устанавливаные атомный номер и массовый номер. Nuclides have specified atomic and mass numbers.
наиболее most.
Одним из наиболее крупных потребителей ... . One of the major consumers ... . в наиболее важных объектах in important objects.
найденная величина found value.
экспериментально найденные величины парциальных давлений experimental partial pressures.
найденный found.
Количество вещества, найденное в результате анализа ... . The quantity of a substance resulting from an analysis ... .

найдено, что it was found that.
  Найдено, что оптимальных для обоих элементов является диапазон 0.25-2.0 мкг/мл. The optimum range for both elements was 0.25-2.0 µg/ml.
накопитель storage unit.
  Информация с накопителей на магнитной ленте передается в оперативную память машины. Magnetic tapes feed information to the computer's memory.
налагать to impose.
  налагает ограничения на применяемые реагенты limit use of the reagents.
наличие presence.
  Это расхождение можно объяснить наличием систематической погрешности. This deviation may be due to a systematic error. выявил наличие has revealed; Затем каждую пробирку проверяют на наличие лизиса или присутствие фага. Each tube is then checked for lysis or phage. что подтверждается наличием полос в области 975-985 cm^{-1} which is shown by bands at 975-985 cm^{-1}; Существование этих уровней тесным образом связано с наличием спаривания нуклонов в ядрах. The existence of these levels is intimately connected with pairing in nuclei. Наличие фосфорильного атома кислорода в молекуле эфира фосфорной кислоты обусловливает ... . The phosphoryl oxygen in the phosphoric acid ester causes ... .
нами (see **проводимый нами**).
нанесение infliction.
  нанесение удара strike.
нанесенный applied.
  нанесенная на поверхность защитную маску surface masking.
наносить to apply.
  наносить покрытие to coat.
наперед previous.
  на наперед заданном уровне at a set level.
наполнение filling.
  мыло с абразивным наполнением abrasive soap.
наполнитель packing (chromatography).
  объем твердого наполнителя solid volume.
направление direction (see also **в ... направление; по направлению**).

направленный 66

перемена направления reversal; ток обратного направления back current.
направленный directed.
электрические поля, направленные параллельно траектории этих ионов electric fields parallel to the path of the ions.
направленный к достижению directed to the achievement of.
рекомендации, направленные к достижению этой цели recommendations with this objective.
направлять to send.
Направляйте всю литературу по адресу ... . Address all literature to ... .
направляться to be directed to.
Вторичные электроны ускоряются и направляться на другой электрод. The secondary electrons are accelerated to another electrode.
например for example (see also **см., например**).
как, например, на рис. 2 as in Fig. 2; так, например thus.
напряжение potential.
при рабочем напряжении 40 kV operated at 40 kV.
напряженность intensity.
Камера помещена в магнитное поле напряженностью 22 килогаусс. The chamber is placed in a 22-kilogauss magnetic field.
наращивание growth.
эпитаксиальное наращивание epitaxy.
настоящий present (see also **в настоящее время; приводимые в настоящих рекомендациях**).
Настоящая работа посвящена исследованию ... . This paper studies ... . настоящие рекомендации the recommendations; В настоящий момент мы не можем объяснить этот экспериментальный факт. At the moment we have no explanation of this experimental fact.
насыщение saturation.
насыщение спиртом alcoholation.
научно scientific.
научно-исследовательная работа research.
научно-исследовательский scientific research.
Научно-исследовательский физико-химический институт Л. Я. Карпова Karpov Institute of Physical Chemistry.

находиться to be found (see also **который находится**).
Группы должны находиться в транс-положении. The groups must be in the trans position. Полученные результаты находятся в согласии с ранее измеринными в работе [4]. The results agree with [4]. Соединения колец BC и CD также находятся в трансположении. The ring junctions BC and CD are also trans. Это находится в пределах экспериментальных ошибок. This is within the experimental error.

находящийся occurring.
солевой расплав, находящийся в равновесии с металлической фазой a salt melt in equilibrium with a metallic phase; находящийся на месте on site.

нахождение location (see also **с целью нахождения**).
независимо от места нахождения заряда regardless of the charge position.

начинать to begin.
Нуклоны редко сближаются на такие малые расстояния, что группы из трех частиц начинают играть существенную роль. The nucleons seldom come close enough together for three-particle groups to be important.

наш our (see also все наши усилия).
Кометы образуют обширное облако окружающее нашу солнечную систему. The comets form a vast cloud surrounding the solar system.

не ... чем not ... than.
минимальный радиус этих кругов не меньше чем the minimal radius of these disks is.

невозможность impossibility.
Единственный серьезный недостаток этого алгоритма - невозможность его применения к системам, включающим более одного окислительно-восстановительного равновесия. The only serious drawback of this algorithm is inapplicability to systems of more than one redox equilibrium.

нее (see **защита от нее**).

некоторый some.
некоторая степень a degree; некоторые характеристики методов определения карбоната characteristics of carbonate methods; в течение не-

нельзя 68

которого времени for a time; В некоторых особых случаях ... . In special cases ... . В аналитическом спектроскопии предполагается, что заготовлен некоторый материал ... . In analytical spectroscopy, material is provided ... . некоторое количество крови a quantity of blood; Недавно мы получили некоторые данные, которые ... . We recently obtained data which ... .

нельзя (see **который нельзя**).
необходимо it is necessary (see also **тот случай, когда необходимо**).
когда необходимо подчеркнуть тип индикаторного электрода to denote the indicator electrode; Если необходимо указать спектральную ширину полосы ... . When a spectral bandwidth is to be indicated ... .
Необходимо отметить, что ... . It is necessary to note that ... .
Необходимо отметить, что количество оксида бора ... . The amount of boron oxide ... .
необходимость necessity (see also **при необходимости**).
необходимость применения use of.
необоходимый для necessary for.
время, необходимое для сооружения construction time; жизненно необходимый для vital.
непрерывно continuously.
Техника газовой хроматография за это время непрерывно развивались. Gas chromatography has advanced during this time.
несколько somewhat.
несколько выше чувствительность higher sensitivity.
нет there is not.
Судя по измерениям, нет абсолютно никаких оснований утверждать, что ... . The measurements give absolutely no reason for saying that ... .
нею (see **с нею**).
ниже below.
см. ниже, формула 5.1 see formula 5.1.
нижний lower.
нижная граница определяемых концентраций detection limit.

ними (see **с ними**).
новый new.
　разработка новых чувствительных методик development of sensitive methods.
носить to carry.
　Рекомендации носят скорее разъяснительный, чем предписывающий характер. The recommendations are descriptive rather than prescriptive. Зависимости 3 и 4 носят полуколичественный характер. Equations 3 and 4 are semiquantitative.
ность ness, ity.
　структурная упорядоченность structural order; неупорядоченность строения structural disarray; порядок мультипольности multipole order.
нужно necessary.
　если нужно определить отношение интенсивностей if the intensity ratio is to be determined.
нуклид nuclide.
　нуклид курия-244 curium-244.
нуклон nucleon.
　Существование этих уровней тесным образом связано с наличием спаривания нуклонов в ядрах. The existence of these levels is intimately connected with pairing in nuclei.

О

о concerning (see also **информация о; вопрос о**).
　О Питтингобразовании Меди в Растворах Карбоксилатов (Title) Pitting of Copper in Carboxylate Solutions. О размерах частиц судить по этому снимку нельзя. The particle size cannot be estimated from this photograph.
-о- in the middle of a word.
　кристаллофосфор phosphor crystal; конусообразный conical.
об (see **данные об**).
обеспечение provision.
　Для обеспечения оперативного аналитического контроля содержаний микроколичества скандия в технологических растворах требуются доступные и экрессные методика анализа. On-line control of trace scandium in industrial solutions requires simple and fast analytical methods.

обеспечивающий providing.
  сосуды, обеспечивающие безопасность safety tanks.
обладать to possess.
  Эта система обладает большим быстродействием. This system is very fast. соединение обладающее нормальной валентностью a compound of normal valency; Рассмотрим функцию g(z), обладающую следующим свойством: Let us examine a function g(z) with the property that ... .
обладать свойством to have the property of.
  позитроны обладают свойством локализовываться positrons localize.
обладающий possessing.
  с применением органических растворителей обладающих основными свойствами with basic organic solvents.
область region (see also **в области**).
  Он ограничивается только областью водных растворов. It is limited to aqueous solutions. инфракрасная область infrared; последние достижения в области квантовой электродинамики recent developments in quantum electrodynamics; научная работа в области химического анализа research on chemical analysis; видимая область спектра visible spectrum; внутренная область interior; измеренные в пассивной области потенциалов measurements at passive potentials; широкая полоса в области 320-400 нм a wide band at 320-400 nm; Поляризационные кривые смещаться в отрицательную область. The polarization curves became more negative. изображение широкой области спектра image of an extended spectrum.
область потенциалов range of potentials.
  в области потенциалов -(1.1-1.4) В at -(1.1-1.4) V.
область спектра spectral region.
  поглощение в ультрафиолетовой области спектра absorption in the ultraviolet.
обнаружено, что it was found that.
  Обнаружено, что токи пиков изменяются прямо пропорционально увеличению концентрации ионов кадмия(II). The peak currents varied with cadmium(II) concentration.

обозначаемый designatable.
 Термины должны по возможности сами себя пояснять, чтобы облегчить обучение и ассоциироваться с обозначаемыми ими понятиями. A term should, when possible, be self-explanatory and thus easy to learn and to associate with its concepts.
обозначаться символом to be designated by the symbol.
 Фокусное расстояние зеркала обозначается символом f. The focal length of the mirror is f.
обозначение 1. symbol; 2. designation.
 1. Индексы в обозначениях D_c и D_m ... . The subscripts in D_c and D_m ... . 2. Символы для обоначения величин ... . Symbols for quantities ... .
оборудование equipment.
 теплообменное оборудование heat exchanger.
обоснование basis.
 философское обоснование philosophy.
обрабатывать to process.
 обрабатывать в автоклаве to autoclave.
обработка treatment (see also **на обработку**).
 Стабилизационная обработка охлаждающей воды ... . Stabilization of cooling water ... . обработка в автоклаве autoclaving; электрохимическая анодная обработка металлов metal anodizing; без термообработки without heating.
образ way (see also **следующим образом; можно выразить следующим образом; записывать следующим образом ; Таким образом ...**).
 аналогичным образом analogously; явным образом explicit; таким образом so; Существование этих уровней тесным образом связано с наличием спаривания нуклонов в ядрах. The existence of these levels is intimately connected with pairing in nuclei. Принимая во внимание полученные результаты, состав комплекса можно представить следующим образом: The results show the composition of the complex to be as follows:
образец sample.
 контрольный образец control, blank; определение хлорофенолов в образцах водопроводной воды determination of chlorophenols in tap water.

образный 1. shaped; 2. form; 3. resembling.
1. конусообразный conical; колоннообразный columnar; U-образная труба U-tube; 2. порошкообразный магний magnesium powder; 3. желатинообразный gelatinous.
образование formation (see also **в образовании**; **вызывающий образование**; **с образованием**).
накипеобразование scaling; парообразование vaporization; критическая концентрация мицеллообразования critical micelle concentration; питтингобразование на сплавах в хлоридных растворов alloy pitting in chloride solutions; реакция комплексообразования complexation.
образованный formed by.
масс-спектр, образованный отрицательными ионами a mass spectrum of negative ions; Осадки хорошего качества получены из электролитов, образованных солями ацетатной и сульфаматной кислот. Good quality deposits can be obtained from acetate and sulfonate baths.
образователь agent.
катионный блескообразователь cathodic brightener; комплексообразователь complexant.
образовать to form.
Свет при прохождении сквозь прибор образует пучок ширины w. The light during passage through an instrument has a beam width of w.
образующий forming.
комплексообразующее действие complexing action.
образующий гальванический forming galvanic.
металлы, образующие гальваническую пару coupled metals.
образующийся resultant.
образующийся продукт product.
образующийся при formed by.
азотная кислота заменяется водой, образующейся при нитровании the nitric acid is replaced by the water of nitration.
обращать внимание attention is turned.
Обращает внимание близость двух констант. The two constants are similar.
обстановка conditions.
Гидрохимическая обстановка в районе испытаний дан в табл. 1. Water chemistry in the test vi-

cinity is given in Table 1.
обстоять (see **дело обстоит**).
обстоятельство circumstance.
    опасность двух обстоятельство two dangers; Это обстоятельство отмечается подстрочным индексом p. This is indicated by the subscript p. Это обстоятельство дает основание полагать ... . This is the basis for assuming ... .
обсуждение discussion (see also **при обсуждении**).
    Более детальное обсуждение см. 13.10. For further details see 13.10.
обусловленный due to.
    коррозия, обусловеная дифференциальной аэрацией differential aeration corrosion.
обусловливать to cause.
    обусловливает перераспределение redistributes.
общение intercourse.
    половое общение у бактерий sexuality in bacteria.
общий 1. overall; 2. total.
    1. в общем объеме in bulk; в общей массе in bulk; 2. общее количество бактерий на 1 см^2 amount of bacteria per cm^2.
общий вид general appearance.
    общий вид анодных кривых the anodic curves.
объект object (see also **в различных объектов**).
    Кремний является традиционным объектом нейтронно-активационного анализа. Silicon is traditionally analyzed by neutron activation. анализ сложных минеральных объектов analysis of complex minerals; биологические объекты biologicals.
объем volume.
    объем камеры освещается the chamber is illuminated; в объеме пористого вещества in a porous medium; Раствор упаривают до объема в несколько миллилитров. The solution is evaporated to several milliliters.
объем из-за volume due to
    изменение объема из-за набухания swelling change.
объемно volumetrically.
    объемно-пористый электрод porous electrode.
объемный volume.
    большеобъемный кристалл large crystal; объем-

обычно 74

ный плотность энергии излучения radiant energy density; объемная скорость газа-носителя the carrier-gas flow rate (gas chromatography).

обычно usually.
Раньше их называли обычно "безразмерными величинами". They were formerly called *dimensionless*.

-овское adjective ending of a non-Russian (and Russian) proper name.
борновское приближение Born approximation.

один one.
ионы одного и того же знака; ions of the same sign; в качестве одной из возможностей as a possibility.

означать to denote.
Пусть P означает небольшую массу кристаллического порошка. Let P be a small mass of powdered crystal.

оказаться to prove to be.
может оказаться удобнее it may be better; pH оказался быше 4. The pH was higher than 4.

оказывать to show.
оказывает влияние на величину порога affects the threshold; оказывает предпочтение prefers.

оказывать ... влияние to show a ... effect.
не должны оказывать стимулирующего влияния should not stimulate; молибден оказывает сильное мешающее влияние molybdenum strongly interferes.

окисел oxide.
кислородная подрешетка окисла oxygen sublattice.

окончание completion.
Эксперименты выполняли после окончания реакция фторирование. The experiments were run after fluorination.

окрашенный colored.
сольват, окрашенный в интенсивно оранжевый цвет an intense orange solvate.

оксид oxide.
оксиды щелочноземельных элементов alkaline earths.

оксидный oxide.
оксидная ванадиевая бронза vanadium bronze; образуется оксидная пленка состава Cu_2O forms

a Cu_2O film.

оперативный operational.
Информация с накопителей на магнитной ленте передается в оперативную память машины. Magnetic tapes feed information to the computer's memory.

операция operation.
вычислительная машина с совмещением операций simultaneous computer; Операция отделения занимает 30-40 мин. The separation takes 30-40 min.

описание presentation.
описание массива данных наблюдений observational data.

описанный described (see also **проводить по описанной методике**).
Надо сказать что описанный метод является уникальным способом. The method is unique. при условиях, описанных выше under the above conditions.

описано described (see also **как описано**).
Это подробно описано в ... . This is detailed in ... .

описывать изменения to describe changes.
уравнения, описывающие изменения скорости атмосферной коррозии металлов во времени equations for the effect of time on atmospheric corrosion rates.

описываться уравнением to be described by the equation.
Ее скорость описывается уравнением ... . Its rate is ... .

описывать эксперимент to represent an experiment.
Критерий Фишера показала, что оба уравнения адекватно описывают эксперимент. The Fisher test showed both equations to be adequate.

описываться to describe.
Поляризационная кривая описывается выражением ... . The polarization curve is expressed as ... .

опорный supporting.
опорная подушка cushioning.

определение determination (see also **в определении**).

результаты определеня хрома results for chromium; Результаты определения, представленные в табл. 4 ... . Results in Table 4 ... . определение местонахождения и наведение locating and targeting; характеристики методов определения карбоната characteristics of carbonate methods; Присутствие титана завышает результаты определения скандия. Titanium increases the scandium results.

определенный certain.
Применение Арсеназо III для определения редкоземельных элементов связано с определенными трудностями, так как ... . The determination of rare earths by Arsenazo III involves difficulties, since ... .

определять to determine.
Положение максимума на кривых ДТА и значение температуры начала окисления определяли усреднением соответствующих величин из 2-3-х независимых опытов. Positions of the maxima on the DTA curves and temperatures at the start of oxidation were averages of 2 or 3 independent runs.

определяться как to be defined as.
Величина микронапряжения определяется как отношение ... . The microstress is the ratio of ... .

определяющий determining.
определяющий это свойство with this property; Концентрация нитрита натрия является критическим фактором определяющим качество получаемых продутов. The sodium nitrite concentration is critical for quality control.

оптический optical.
размер оптических пустых вакуолей size of empty vacuoles.

опыт experiment.
в стандартных условиях опыта under standard conditions; контролный опыт control, blank; холостой опыт blank; На рис. 2 приведены результаты опытов ... . Fig. 2 shows results ... . Опыты по изучению влияния других ионов на определение Ti(IV) ... . Studies on the effect of other ions on the determination of Ti(IV) ... .

орбит orbit.
  инжекция по направленнию касательной к орбите tangential injection.
организация organization.
  строительная подрядная организация construction contractor.
ордината ordinate.
  ординаты равные 50% и 5% высоты пика 50 and 5 per cent of the peak height.
основа basis (see also **на основе**; **на основе представлений**; **на основе сплава**; **материал на основе**).
  на основе предложения on the assumption; Закон роста пленки можно выяснить на основе ... . The film growth law may be explained by ... .
основание (see **на основании**; **На основании этих данных можно сделать**).
основанный на based on.
  В связи с быстрым развитием работ по анализу, основанному на исследовании термичесих явлений, весьма желательно ... . The rapid expansion of activity in analysis by thermal phenomena makes it highly desirable ... . теория слабых взаимодействий основанная на полном лагранжиане a complete Lagrangian theory of weak interactions.
особенно especially.
  такие расчеты не следует считать особенно надежными these calculations are unreliable.
особенность characteristic.
  особенности механических свойства mechanical properties; особенности аттестации стандартных образцов certification of standard samples; характерная особенность a characteristic; Задача настоящей работы - исследование особенностей кинетики зарождения питтинга. This paper studies the kinetics of pitting initiation.
оставаться to be left.
  практически полностью остаются в концентрате are practically all in the concentrate.
остальной rest.
  изолированный от остальной системы с помощью клапанов isolated from the system by valves.
осуществление accomplishment.
  Бромацетильная группа использована для осуще-

осуществлять, осуществляться   78

ствления гетероциклизации. The bromoacetyl group was used for heterocyclization.
осуществлять, осуществляться to accomplish (see also **который осуществлял**).
Адсорбция сланцевой смолы осуществляется ... . Shale oil is adsorbed ... . Как осуществляется управление экспериментом? How do you control an experiment? Перемешивание растворов осуществляли магнитной мешалкой. The solutions were mixed with a magnetic stirrer.

ось axis.
ось ординат ordinate.

от 1. on; 2. of; 3. from (see also **друг от друга; отклонение от; защита от нее**).
1. потенциал, зависящий от скорости velocity-dependent potential; фазовый анализ, зависящий от энергии energy-dependent phase analysis; зависимость от энергии energy dependence; 2. косинус гиперболическому от два ω hyperbolic cosine 2ω; 3. при температуре от 60 до 160°C at 60 to 160 °C; очистить от накипи scale removal.

от места к месту from place to place.
Изменения этой силы от места к месту на поверхности Земли малы, и в технике ими можно пренебречь. The gravitational variations over the surface of the Earth are small enough to be neglected in engineering.

от очистка from purification by.
экстракт от очистки ацетоном acetone extract.

от примесей from impurities.
способ очистки синтезированного продукта от примесей the method for purifying the synthesized product.

отбор selection.
время пробоотбора sampling time; отбор проба sampling.

отведеный allocated.
Площадь отведена для сборки и ремонта камеры the area for assembling and repairing the chamber.

отверстие opening (see also **система мелких отверстий**).
жалюзийное отверстие louver.

отвечать to correspond to.

активность отвечающая точке пересечения activity at the point of intersection; при потенциалах, отвечающих различным участкам анодных поляризационных кривых at potentials for various sections of the anodic polarization curves; Величина матричных элементов, отвечающих радиационным переходам ... . The size of matrix elements for radioactive transitions ... . На рис. 1 приведены кривые, отвечающие аквакомплексам. Figure 1 shows curves for aquo complexes.

отвечающий процессу corresponding to the process of.
Кривая отвечающая процессу разряда Cd(II) в сульфатном расворе ... . A curve for Cd(II) discharge in sulfate solution ... .

отдавать to give.
решительно отдавал предпочтение strong preference.

отдельный individual.
отдельные кристаллические зерна crystallites.

откладывать to plot.
горизонтальная ось откладывается объем газоносителя with the carrier-gas volume as the horizontal axis.

отклонение от deviation from.
отклонение от стехиометрии nonstoichiometry.

открытый 1. discovered; 2. open.
1. вновь открытий резонанс new resonance; 2. в открытой сельской атмосфере in a rural atmosphere.

отличаться to be distinguished by.
Построение Алпы отличается очень сложной структурой. The Alps have a very complex structure. Предлагаемая методика отличается простотой. The proposed method is simple.

отложено was put.
По оси ординат отложено отношение ... . The ordinate was the ratio of ... .

отметить to note (see also **можно отметить, что; необходимо отметить, что**).
интересно отметить, что it is of interest that.

отмечено, что it was noted that.
Отмечено, что оставшиеся в растворе органичес-

кие вещества ... . Organics left in solution ... .

отмеченный авторами noted by the authors of.
Отмеченная авторами [17] каталитическая роль соединений Cr(II) ... . The catalytic role of Cr(II) compounds [17] ... .

отнесенный к referred to.
Коэффициент экстинкции полимера, отнесенный к одной связи, составляет величину такого же порядка, что и у мономерной формы. The extinction coefficient of the polymer for a single link is of the same order as that of the monomeric form.

отнести (see **может отнести к категории**).

относительно relative to.
непосредственные указания относительно рождения ω-мезона direct evidence for ω-meson production; инвариантность относительно зарядового сопряжения charge-conjugation invariance.

относительное содержание relative content.
Если относительное содержание одного из компонентов является преобладающим ... . If one constituent predominates ... .

относительный relative.
относительная скорость rate; относительная атомная масса atomic weight; относительная молекулярная масса molecular weight; относительная излучательная способность radiant emissivity; коэффициент относительной чувствительности sensitivity.

относиться to belong to.
К плагиоклазы относятся алюмино-силикаты. The plagioclases are aluminosilicates.

относиться к to date back to.
Последние прижизненые научные публикации М. С. Цвета относятся к 1914 г. The last scientific publications of M. S. Tswett were in 1914.

относящийся к relative to
величина, относящуюся к веществу B quantity of the substance B; документы относящиеся к химическому анализу проб documents on chemical analysis; термины и символы, относящиеся к методике анализа terms and symbols in analytical methods; критерии отбора событий, относящухся к данному каналу selection criteria for the

given channel.
отношение 1. ratio; 2. respect; 3. attitude; 4. relation (see also **в отношении**; **по отношению**).
1. отношение масса/заряд mass/charge. 2. это выражение поучительно в том отношение, что this expression is instructive in that; 3. некритическое отношение к привеличению математических методов uncritical attraction to mathematics; 4. избирательное действие по отношению к о-нитроанилину selective action on o-nitroaniline; в морфологическом отношении morphologically.
отражен reflected.
Если два или более понятия тесно связаны, то этот факт должен быть отражен в подобии принятых для них названий. If two or more concepts are closely related, they should be assigned similar names.
отрасль branch.
отрасль промышленности an industry.
отрезка, отрезок section.
Параметры V_R и t_c соответствуют отрезку OB на рис. 1. The V_R and t_c correspond to OB in Figure 1. Мы определили отрезок времени, необходимый для ... . We measured the time required for ... . Отрезок, отсекаемый кривой на оси дает ... . The axis intercept gives ... .
отрицательно заряженые ионов negatively charged ions.
небольшие количества отрицательно заряженных ионов CH_3COO^- a small amount of CH_3COO^-.
отсутствие (see also **в отсутствии**).
Это свидетельствует об отсутствии ионизации нитроанилинов. This indicates the nitroanilines to be un-ionized.
отсчет 1. coordinate (of a graph); 2. reading.
1. начало отсчета origin; 2. вольтметр с цифровым отсчетом digital voltmeter.
отсчитанный read off (an instrument).
концентрация металла, отсчитанная по прибору instrumental metal concentration.
отсюда from here.
отсюда следует, что it follows that.
охарактеризовать процессом to be characterized

оценка

by the process.
Титрование смеси приводят титрантом Ox, превращение которого может быть охарактеризовано процессом Ox + $ze \Leftrightarrow$ Red. The mixture is titrated with Ox, converted by Ox + $ze \Leftrightarrow$ Red.

оценка evaluation.
Нами проведена сравнительная оценка ... . We compared ... . оценка правильности результатов определения молибдена(VI) в пробах природной воды accuracy of the molybdenum(VI) determination in natural water.

очень very.
очень мало химических методов few chemical methods; Скорость столкновения должна быть очень высокой ... . The collision rate must be high ... . очень важно important; Эти две спиральные галактики очень похожи друг на друга не только по своим размерам, но и по составу. These two spirals are similar, not only in size, but also in content. очень короткий период экспозиции a short exposure; Большой лимузин казался очень тяжелым. The big limousine seemed heavy. очень часто often; Я был бы очень благодарен за присылку оттисков по вопросу о симметриях в сильных взаимодействиях и по другой родственной тематике. I would appreciate reprints on symmetries in strong interactions and related topics.

очередь turn.
в первую очередь first.

очистка (see **от очистка**).

П

падение fall.
точка каплепадения drop point.

пар vapor.
скорость насыщенного парами газа flow rate of the saturated gas.

параметр parameter (see also **рассчитанный по параметрам**).
параметр удерживания retention; Параметры V_R и t_c соответствуют отрезку OB на рис. 1. The V_R and t_c correspond to OB in Fig. 1. Кинетические параметры реакция ... . Kinetics of the

reaction ... . отличаются только два параметра - поляризационное сопротивление и значение потенциала коррозии only the polarization resistance and the corrosion potential are distinguished.
первый first.
первая производная derivative.
переведение transfer.
переведение в раствор всех компонентов сплава dissolution of all the alloy components.
перед with regard to.
За последние годы перед электроаналитическими методами возник ряд проблем, связанных с символикой. Electroanalytical techniques have had some problems of symbology in recent years.
передний forward.
передний фронт front.
переменая величина changing value.
дифференциал переменой величиы x differential of x.
пересчет conversion.
Электролит должен содержать 15 г $Sn(BF_4)_2$ (в пересчете на металл). The electrolyte should contain 15 g $Sn(BF_4)_2$ as the metal.
переход conversion.
сила перехода для реакция ^{16}O (p,d). The strength for the ^{16}O (p,d) reaction.
перечисленный enumerated.
за исключением тех случаев, когда влияние перечисленных искажающих факторов невелико unless the distorting factors are small.
период period.
период времени time; период полураспада half-life; очень короткий период экспозиции a short exposure.
периодическая система элементов periodic system of the elements.
металлы VIII группы периодической системы элементов Group VIII metals.
план approach (see also **в плане**).
в теоретическом и практическом плане in theory and practice.
пленочный film.
Пленочные мембраны готовили по методике [7]. The membranes were prepared by [7].

плотность density.
 плотность потока нейтронов neutron flux.
площадь area.
 электрод площадью 12 см^2 a 12-cm^2 electrode; удельная площадь поверхности specific surface.
по 1. with respect to; 2. by; 3. according to (see also **рассчитанный по параметрам; таким образом, по ...; приведены данные по; судя по**).
 1. емкость по энергия energy capacity; однородный по толщине uniform thickness; по кинематике kinematically; тока по времени current-time; x по dx xdx; разрешающая способность (по масса) resolving power (mass); В немногих случаях дается по два термина-синонима для одного определения. In a few cases two synonymous terms are given for one definition. По оси ординат отложено отношение ... . The ordinate was the ratio of ... . 0.25-3.0 M по H$_2$SO$_4$ 0.25-3.0 M H$_2$SO$_4$; 2. формирование пленки по параболическому закону parabolic film growth; концентрация металла, отсчитанная по прибору instrumental metal concentration; испытание по Абелю Abel test; восстановление ионов по каталитическому механизм catalytic reduction of hydrogen ions; 3. по интегрирующая сфера (по Ульбрихту) the Ulbricht integrating sphere.
по величине in magnitude.
 При внезапном коротком замыкании токи статора изменяются по величине. The stator current changes with a sudden short circuit.
по мере to the extent.
 по мере необходимости as needed; которое должно уменьшаться по мере укрупнения кристаллов which should decrease as the crystals become coarser; По мере увеличения концентрации NaCl происходит уменьшене высоты первой волны. Raising the NaCl concentration lowered the height of the first wave.
по направлению in the direction of.
 формирование пленки по направлению параболическому закону parabolic film growth; инжкция по направлению касательной к орбите tangential injection.

по отношению as regards.
коррозивный по отношению к углеродистым и низколегированным сталям corrosive to carbon and low-alloy steels; исследовал поведение этих молекул по отношению к энзимам studied the behavior of these molecules with enzymes; Предлагаемый метод определения железа по сравнению с методами, описанными в работах [1-9], обладает большей чувствительностью и более высокой селективно особенно по отношению Ni и Co. The proposed iron determination is more sensitive and selective, especially for Ni and Co, than those reported in [1-9].
по порядку by an order of.
по порядку величины соответствует is similar in magnitude.
по размеру in size.
Таким образом, мы сумели изучить многие типы клеток, которые слишком малы по размеру, чтобы можно было использовать внутренние электроды. We were thus able to study many cell types too small for internal electrodes.
по своему химическому действию by their chemical action.
По своему химическому действию добавки делятся на окислители и восстановители. The additives are divided into oxidants and reductants.
по своим размерам by its size.
Спутники Марса очень малы по своим размерам. Mars' satellites are very small.
по способу by the method.
методы по способам введения реагента techniques for reagent addition.
по сравнению с in comparison with.
предпочтение по сравнению с preference for; снижение основности анилина по сравнению с аммиаком an aniline basicity lower than that of ammonia; Предлагаемый метод определения железа по сравнению с методами, описанными в работах [1-9], обладает большей чувствительностью и более высокой селективно особенно по отношению Ni и Co. The proposed iron determination is more sensitive and selective, especially for Ni and Co, than those reported in [1-9].

по течению along the current.
С момощью саней громоздкая киноаппаратура была перевезена на место ниже по течению реки. The sleighs took the bulky cameras down-river.

по форме by shape.
зависимость, по форме отвечающей кривой кислотно/основого титрования a curve similar to that of an acid-base titration.

поведение behavior.
коррозионно-электрохимическое поведение благородных металлов electrochemical corrosion of noble metals.

поверхность, поверхностный surface.
адсорбция на поверхности металлов adsorption on metals; поверхностный сток runoff; анодное растворение вещества с поверхности твердого электрода anodic stripping from a solid electrode; строение микрорельефа поверхности relief; осаждение на поверхность земли ground deposition; на поверхности раздела at the interface; шероховатость поверхности roughness; Поверхность медного электрода остается блестящей. The copper electrode remained shiny. на поверхность воды on the water; Химический состав поверхностного слоя ... . The film composition ... . травление поверхности образца etching a specimen.

повторный repeated.
автоматическое повторное включение automatic reclosing (of a circuit).

поглощенный absorbed.
поглощенная тканевая доза tissue dose.

под 1. below; 2. under.
1. Подмосковский бассейн Moscow Basin; 2. воздух под давлением air pressure; перегонка под вакуумом vacuum distillation; Заседание проходило под председательством профессора ... . The session was chaired by Prof. ... .

под действием under the action of.
эффект диссоциация под действием поля dissociation field; поглощают максимум энергии под действием высокочастотного электрического поля absorb maximum energy by a high-frequency electric field; уширение под действем давления pressure broadening.

подвергать, подвергаться to subject to.
  Мембраны подвергали специальной обработке. The membranes were specially treated. Поскольку сплавы подвергаются селективному растворению ... . Since the alloys dissolve selectively ... .
подготовленный (see **рекомендация, подготовленная**).
поддающийся to yield to.
  поддающийся ремонту to be repairable; не поддающийся анализу unanalyzable.
поддерхание maintenance.
  для поддержания нормальных рабочих условий камеры for normal chamber operation.
поддерживать to maintain.
  Анодная поляризация позволяет поддерживать стали в пассивном состоянии. Anodic polarization passivates the steel.
подключаться to be connected.
  непосредственно подключается к is on-line with.
подлехащий subject to.
  Это вещество является одним из пяти веществ, подлежащих определению. This substance is one of the five determined.
подобный like.
  желатиноподобный gelatinous.
подтверхденый confirmed.
  документально подтвержденные расходы documented expenditures.
позволять to permit.
  аппараты, позволяющие уменьшить гидролиз hydrolysis reducing apparatus; позволять избежать to avoid; Анодная поляризация позволяет поддерживать стали в пассивном состоянии. Anodic polarization passivates the steel. Метод позволяет определять хлорофенолы в сложных смесях. The method determines chlorophenols in complex mixtures.
позволять проводить permits carrying out.
  Предлагаемая методика позволяет проводить определение нитрита натрия ... . The proposed method determines sodium nitrite ... .
позволяющий permitting.
  дополнительные данные, позволяющие сделать

выбор между возможными механизмами additional data to make a decision between alternative mechanisms; создание метода, позволяющего надежно анализировать сложные горные породы development of a method for analyzing complex rocks.

позитрон positron.
электронно-позитронная пара electron pair.

показано, что it was shown that.
Показано, что потери золота вызваны ... . Gold was lost by ... .

показатель 1. value; 2. indicator; 3. exponent.
1. показатель pH   pH; 2. малые изменения выходных покасателей small charges in the output; 3. показатель степени exponent (since the terms are synonymous).

показатель степени indicator of the power.
значение показатель степени n уравнения $d = k^n \tau^n$ the n of $d = k^n \tau^n$.

показательная exponential.
Эта показательная экспоненциальная кривая хорошо описывает экспериментальные данные. This exponential curve describes the experimental data well.

показать to show (see also **как показали экспериментальные измерения**).
Наблюдения Галилея показали, что ... . Galileo observed that ... .

покрытие plating.
электроосаждение блестящего покрытия сплавом олово-свинец electrodeposition of a bright tin-lead alloy.

поле field.
отклонение в магнитом поле magnetic deflection; миграция в электрическом поле electromigration.

полированный polished.
шлифованный и полированный с двух сторон polished on both sides.

полностью completely.
Этот процесс замедляется, но полностью не прекращается. The reaction slows down but does not stop. полностью исключить to eliminate; Анодная поляризационная кривая полностью сов-

падает с фоновой. The anodic polarization curve coincided with that of the background.

полнота (see **степень полноты**).

полный 1. total; 2. complete (see also **практически полный**).
   1. полная энергия электрона electron energy; ток полной пассивация passivation current; 2. полное растворение хлорида цинка dissolution of zinc chloride.

полохение position.
   Соединения колец BC и CD также находятся в трансположении. The ring junctions BC and CD are also trans. положение вблизи proximity.

полохить to place.
   где положена красная сетка where there is a red network.

полохный placed.
   противоположные заряды opposite charges.

получаемый obtained.
   информация, получаемый с information from; плазма, получаемая в лабораторных условиях laboratory plasma.

получать to obtain.
   получать осадок to precipitate; получили широкое применение is widely used.

получаться в случае obtained in the case of.
   Период среза поэтому равен периоду, получающемуся в случае однородной апертуры той же протяженности. The cut-off period is therefore the same as for a uniform aperture of the same extent.

получение obtaining (see also **для получения**; **условие получения**).
   сырье при получении консервационных материалов raw materials for inhibitors; другой способ для получения этого соединения another route to this compound.

полученные данные data obtained.
   Согласно полученным данным ... . Accordingly ... .

полученный obtained.
   полученный продукт VII product VII; Полученные результаты находятся в согласии с ранее измеренными в работе [4]. The results agree with [4]. Полученный результаты приведены в табл.

полученный

4. The results are given in Table 4. Весь полученный экспериментальный материал ... . All the data ... . Рентгеноспектральный анализ полученных осадков показал ... . X-ray spectral analysis of the deposits showed ... .

полученный в obtained in.
разрешение, полученное в эксперименте experimental resolution; вольтамперограммы, полученные в растворах Cd(II) voltammograms for Cd(II) solutions.

полученный с помощью obtained with the aid of.
фотографии, полученные с момощью пузырьковой камеры bubble chamber pictures.

полученные экспериментальные obtained experimental.
Полученные экспериментальные данные справедливы ... . The data were valid ... .

получить to obtain.
Мы не рассчитываем получить достаточную интенсивность ... . We don't expect to have enough intensity ... .

получиться, получаться to be obtained (see also **который получился**).
Пик, получающийся в резултате ... . The peak resulting from ... .

польза (see **в пользу**).

пользоваться to use.
легко убедиться, пользуясь этими леммами, что from these lemmas it is easy to see that.

помеха disturbance.
атмосферные помехи atmospherics.

помещение space.
воздушная среда лабораторного помещения laboratory atmosphere.

помещенный placed.
камера, помещенная в импульсное магнитное поле a pulsed field chamber. Он имеет большое количество выходных щелей, помещенных в фокальной плоскости. It has a number of exit slits in the focal plane.

помощь aid (see also **полученный с помощью; при помощи; с помощью**).
Гидродифторид аммония расплавляли при помощи электронагревателя. The ammonium bifluoride was fused by an electric heater; наблюдаемый с

помощью спектроскопа observed with a spectroscope.

понятие concept.
Для использования понятия моль ... . When the mole is used ... . определение понятия *нормального глаза* definition of the normal eye; Относительная природа понятия интенсивность ясно выражена ... . The relative nature of intensity is explicit ... . Это понятие включает ... . This includes ... .

попытка (see **предпринять попытка**).

пор (see **до сих пор**).

поразительный remarkable.
Этот поразительный амфитеатр — одно из наиболее искусных и грандиозных сооружений римского времени. This amphitheater is one of the most skilful and majestic Roman monuments.

порядка (see **по порядку**).

порядок order.
порядок расположения arrangement.

посвященный, посвящен dedicated.
Настоящая работа посвящена исследованию ... . This paper studies ... . Есть раздел, посвященный теории типовых для анализа операций. There is a section on theories of typical analytical operations. Исследованию устойчивость посвящен ряд работ[1-3]. The stability was studied in [1-3].

посвященный проблеме dedicated to the problem.
Статья посвященная проблеме ... . A paper on ... .

поскольку since.
Поскольку до реакции происходила изомеризация, выходы были очень низкими. With the isomerization preceding the reaction, the yields were low.

после того так when.
После того как нейлон расплавится, его прогоняют через систему мелких отверстий в прядильном механизме. The molten nylon is pumped through the spinneret.

посредством by means of.
посредством свободных радикалов by free radicals; посредством очень простого прибора with simple equipment.

поставить to set up.
   Однако, в скором времени мы собираемся поставить несколько экспериментов. We will, however, get some experiments ready soon.
поставленный presented.
   поставленный доклад the report.
постановка organization.
   Мы пока не приступили к постановке опытов. We have not yet begun the experiments.
посторонний foreign.
   посторонняя примесь impurity; постороннее включение inclusion.
постоянная скорость constant rate.
   Нагревание с постоянной скоростью 10 град/мин ... . Heating at 10^0/min.
построение structure.
   построение графика plot; Построение Алпы отличается очень сложной структура. The Alps have a very complex structure.
поступать to supply.
   поступавшие от них замечания their comments.
поступающий drawn (from).
   накопление импульсов, поступающих от дискриминаторов accumulation of pulses from discriminators; В наших нитратных растворах присутствовал растворенный кислород, поступавший из воздуха. Dissolved oxygen from the air was present in our nitrate solutions.
посылать to send.
   Машина посылает требование ... . The computer requests ... .
посылка transmission.
   Частота посылок импульсов составляла ... . The pulse frequency was ... .
потенциал potential (see also **область потенциалов**).
   при потенциале -0.8 В at -0.8 V; полярография с треугольной разверткой потенциала triangular wave polarography.
появление appearance (see also **ведет к появлению**).
   в результате появление ступени as the result of a step; свидетельствует появление пика анодного тока shows an anodic current peak; Навески прибавляют 10 мл серной кислоты (1:1)

и выпаривают до появления белого дыма. The samples are treated with 10 ml of 1:1 sulfuric acid and evaporated to white fumes.

попявляющийся appearing.
Речь в этом случае может идти о дихлорэтаноле, появляющемся в кислой среде. This may also be the case with dichloroethane in the acid solution.

пояснительный explanatory.
пояснительные замечания comments.

п/п (по порядку) in sequence (column heading in a table).
NoNo п/п, N° п/п N_o or omit the heading completely.

практика practice (see also **для ... практики; на практике; применяемый на практика; в практике**).
Введение в практику перевода научной литературы на английскии язык. Introduction to the Translation of Scientific Literature into English.

практически полный practically complete.
который достигается практически полное (96-98% -ное) извлечение which achieves 96-98% extraction.

превращать to convert.
превращать в порошок to powder.

превращение conversion.
превращение хлорфенолов в производные chlorophenol derivatization.

превышающий exceeding.
Частицы достигают энергии, во много раз превышающей энергию, полученную ими при прохождении каждого промежутка. The particles attain an energy many times that gained at each gap.

предварительно previously.
должно быть предварительно определеный must be specified; потенциал на предварительно восстановленном электроде potential of a reduced electrode.

предел limit (see also **лехать в пределах**).
предел растворимости solubility; в пределах от 4 до 0.9 μm from 4 to 9 μm; предел прочности при изгибе bending strength; в пределах экспериментальной погрешности within experimental error; в пределах ширины длин волн within a

bandwidth of wavelengths; интенсивность спектральных линий в пределах одного спектра line intensities within one spectrum; Потенциал коррозии устанавливается через 1-2 ч в пределах -0.45 ± 0.05 В. The corrosion potential was established at -0.45 ± 0.05 V in 1-2 h.

предлагаемый offered.
в предлагаемом пособии in this manual.

предлагаться to offer.
предлагаются в продаже are for sale.

предложенный в proposed in.
способ осушки, предложенный в [2] a drying method [2].

предназначенный для designed for.
проектор предназначенный для просмотра и измерения a scanning and measuring projector.

предполагаться, что to presume that.
В аналитической спектроскопии предполагается, что заготовлен некоторый материал ... . In analytical spectroscopy, material is provided ... .

предпринять попытка to make an attempt.
В настоящем сообщении была предпринята попытка синтеза 1,2-аминоспиртов. In the present paper we synthesized 1,2-aminoalcohols.

предприятие (see **на ... предприятиях**).

представиться to present.
Впервые представилась возможность точно измерить размеры солнечной системы. For the first time it was possible to measure accurately the dimensions of the solar system.

представление presentation (see also **на основе представлений; при ... представлении**).
метрологическое представление metrology.

представление данных presentation of data.
с целью единообразия представления данных for uniformity.

представление концентрации в concept of concentration in.
Для малых примесей в растворе представление концентрации в мкг/мл менее двусмысленно, чем p.p.m. For trace impurities in solution, μg/ml is less ambiguous than ppm.

представленный presented.
Результаты определения, представленные в табл.

4 ... . Results in Table 4 ... .
представленный в виде is present in the form of.
   Предположим, что кристаллический образец представлен в виде тончайшего порошка ... . Suppose the crystal is a powder ... .
представлять to present.
   не представляет трудностей is easy to; Термин, представляющий интерес ... . A term of interest ... . Изучение представляет интерес ... . The study is of interest ... . Представилась возможность ... . It was possible ... . Анализ представляет сложную задачу. The analysis is complicated.
представлять собой to constitute.
   в которых неподвижная фаза представляет собой активное твердое тело in which the stationary phase is an active solid.
предъявляться to present.
   Предъявляются особые требования ... . There are special requirements ... .
прежний previous.
   прежние рекомендации 1959 года the 1959 recommendations.
премия prize.
   Лауреат Нобелевской премии ... . The Nobel laureat ... .
препарат substance.
   проверка на чистоту препарата a test of purity; фармакологический препарат pharmaceutical.
препятствующий (see **реагент, препятствующий**).
претерпевать to undergo.
   выражение претерпевает скачок the expression has discontinuity.
при 1. by; 2. at; 3. near (see also **наблюдаемый при использовании; целесообразно применять при**).
   1. коррозия при неравномерной аэрации differential oxygenation corrosion; изменение состояния поверхности электрода при адсорбции adsorptive change in the electrode surface; 2. перегонка при атмосферном давления air distillation; 3. прикаспийская низменность Caspian Lowlands; прибайкальский Baikal.
при необходимости where necessary.
   При необходимости более полного ознакомления

при обсуждении
следует обращаться к этим публикациям. These publications may be referred to for more extended coverage.
при обсуждении in discussions.
предположений, которые были сделаны при обсуждении предыдущих редакций suggestions made on previous drafts.
при помощи by the aid of.
Однако при помощи окисления нельзя провести различия между связями 1.4 и 1.2. The oxidation cannot, however, distinguish 1.4 from 1.2 bonds. Инжекция частиц осуществляется при помощи генератора Ван-де-Граафа на 3 МэВ. Injection is from a 3-MeV Van de Graaff machine. Общее мертвое количества в колбе определяют при помощи гелия. The total dead space in the bulb is determined with helium.
при ... представлении in ... presentation.
при графическом представлении graphically.
при проведении by carrying out.
Чувствительность и избирательность реакция повышаются при проведении ее в уксуснокислых растворах. The sensitivity and selectivity of the reaction are raised in acetic acid solutions.
при работе in working.
при работе со стационарными электродами with stationary electrodes.
при расчете in the calculation.
используя при расчете парциальное давление химической формы using the partial pressure of the species.
при температуре at a temperature of.
Плавление меди зафиксировано при температуре 1527 К. The copper fused at 1527 K.
при этом in this case, in this connection.
Для обозначения молярных величин допустимо также использование строчных букв, если при этом исключена возможность неправильной интерпретации. Lower case letters may be used to denote molar quantities when there is no risk of misinterpretation. при этом минимальный радиус этих кругов не меньше чем the minimal radius of these disks is no less than.
прибегать к использованию to resort to the use

of.
Реакция титана неспецифична и для устранений мешающего других катионов прибегают к использованию различных комплексообразователей. Reactions of titanium are nonspecific so that interferences of other substances are eliminated by complexants.

прибор instrument.
пересчетный прибор scaler; прибор для определения пористости porosity tester.

приведение ... в bringing to.
приведение слоя в равновесие layer equilibration.

приведенный given (see also **данные, приведенные**).
приведенный в табл. 2 пределы обнаружения the Table 2 detection limits; Результаты приведенные в Таблице 2 ... . Results in Table 2 ... . Определения, приведенные в данном параграфе ... . The definitions in this paragraph ... . Приведенная выше формула дается для колонки ... . The above formula is for a column ... .

приведенный к brought to.
объем удерживания, приведенный к $0°C$ retention volume at $0°C$.

приведены данные по data were presented.
В работе [3] приведены данные по разделению скандия и железа хроматографическим методом. Scandium and iron were chromatographically extracted [3].

привести (see **можно привести следующий**).

приводимые в настоящих рекомендациях cited in the present recommendations.
Таблицы, приводимые в настоящих рекомендациях ... . The Tables ... .

приводимый cited.
приводимые ниже рекомендация the recommendations below.

приводить к to lead to.
что приводит к уменьшению сигнала which decreases the signal; приводящий к образованию радикала producing a radical.

приготовленный prepared.
раствор приготовленный из хлористого аммония a solution of ammonium chloride.

прижизненный in one's lifetime.
  Последние прижизненные научные публикации М. С. Цвета относятся к 1914 г. The last scientific publications of M. S. Tswett were in 1914.

прилегающий adjacent.
  в области очень близко прилегающей к металлической поверхность in a region close to a metal surface.

применен used.
  Для определения церия был применен люминесцентный метод. Cerium was determined by luminescence.

применение use (see also **в случае применения**; **с применением**; **техническое применение**; **возможность применения**).
  Применение Низкотемпературной Плазмы для Травления Материалов Low-Temperature Plasma for Etching; с применением органических растворителей обладающих основными свойствами with basic organic solvents; Полная очистка сточных вод достигается применением полупроницаемых мембран. Complete purification of the wastewaters was achieved by semipermeable membranes. Применение Арсеназо III для определения редкоземельных элементов связано с определенными трудностями, так как ... . The determination of rare earths by Arsenazo III involves difficulties, since ... . Применение маленькой антенны позволяет преодолеть эти трудности. A small antenna overcomes this difficulty.

применяемый used.
  методы, применяемые в бактериофагии methods of phage assay; оговорить тип применяемого растворителя to specify the solvent; зависящий от применяемого источника света depending on the light source; недостаточная селективность применяемых реагентов inadequate reagent selectivity; разные реагенты, применяемые при очистке purification reagents.

применяемый на практике used in practice.
  Растворители, традиционно применяемые на практике ... . Traditional solvents ... .

применять, применяться to use (see also **целесообразно применять при**).
  Для мощности рекомендуется применять символ P.

The recommended symbol of power is *P*. не применяется в сообщения not reported; вместо интегрирования применяется суммирование summation substituted for integration; Для приготовления растворов применяли деминерализованную воду. The solutions were prepared with demineralized water.
применять для to be used for.
Этот краситель применяют для определения различных элементов. This dye determines various elements.
пример (see also **на пример**).
Другой неудачный пример выбора ... . Another unfortunate choice is ... .
примесь (see **от примесей**).
принадлежать к соединениям to belong to compounds.
Фенолы принадлежат к соединениям, легко образующим водородную связь. Phenols easily form hydrogen bonds.
принимать 1. to take; 2. to receive.
1. Пересчетный коэффициент *K* для различных кристаллографических граней кварца принимает следующие значения: The conversion factor *K* for various crystal faces of quartz has the following values: 2. В работе принимали участие д-р Фишер и д-р Марч. My collaborators were Dr. Fischer and Dr. March.
приниматься to be taken.
приниматься во внимание to consider.
принцип principle.
принцип волновой механики wave mechanics; Принцип действия большой ракеты в общем тот же самый. A large rocket operates in the same general way.
принять меры to take measures.
Газовая хроматография используется настолько широко, что стало необходимым принять меры к стандартизации определений. Gas chromatography is so widely used that it has become necessary to standardize definitions.
принять, что to assume that.
Если принять, что в любой момент титрования достигается равновесие ... . If equilibrium is reached at a point in the titration ... .

приобретать to acquire.
  Важное значение приобретает резистентность электродов к действию посторонних ионов. Resistance of the electrodes to foreign ions is important.

природа nature.
  соединения фенольной природы phenolic compounds; описывают природа связи describe the bond; зависит от природы алкилирующих реагентов depends on the alkalizer.

приступить to proceed.
  Приступим теперь к вычислению ... . We now calculate ... .

присутствие presence (see also **в присутствии**).
  присутствие влаги в газе-носителе moisture in the carrier gas; Не изменяет интенсивность флуоресценции присутствие 0.1 M HCl. The fluorescence intensity was unaffected by 0.1 M HCl. Присутствие титана завышает результаты определения скандия. Titanium increases the scandium results.

присутствующий present.
  условия присутствющие в источнике source conditions; Большую часть присутствующих в растворах комплексов можно отнести к категории электрохимически активных. Much of the dissolved complexes are electrochemically active.

присылка sending (see **за присылку**).

приходящийся required.
  число точек, приходящееся на каждый участок кривой the number of points for each curve section.

причем where.
  причем каждый пик соответствует each peak corresponding to.

пришлете send (from прислать).
  Я буду вам очень признателен, если вы пришлете мне оттиск статьи ... . I would appreciate a copy of your paper ... .

пришли reached.
  пришли к выводу concluded.

приэлектродный слой near-electrode layer.
  в приэлектродном слое at the electrode.

проба sample.
  от точка ввода пробы from the point of injec-

tion; оценка правильности результатов определения молибдена(VI) в пробах природной воды accuracy of the molybdenum(VI) determination in natural water; химический анализ проб chemical analysis; отбор проб sampling.

проблема problem (see also **рассматриваться проблема**; **посвященный проблеме**).
Разрешите мне теперь переити к рассмотрению проблемы саморазряда. Let me now pass to self-discharge. связаны с проблемой стандартных состояний involve standard states; Труды IV всесоюзного совещания по проблема рения Proceedings of the IV All-Union Conference on Rhenium; Научно-исследовательский институт физико-химических проблем Institute of Physical Chemistry.

проведение carrying out (see also **при проведении**).
при проведении абсолютных измерений in absolute measurements; защита для проведения эксперементов shielding for the experiments; проведение аккредитации аналитических лабораторий accreditation of analytical laboratories.

проведенный led (see also **таким образом ...**)
касательные, проведенные в точках перегиба tangents to points of inflection.

проведенный с использованием carried out by the use of.
Эксперимент, проведенный с использованием пузырьковой камеры ... . A bubble chamber experiment ... .

проверка verification.
Проверка по критерию Фишера показала, что уравнение адекватно описывает эксперимент. The Fisher test showed the equation to be adequate.

провести to carry out.
Требуется провести больше экспериментов. More experiments are needed.

проводимость conductivity.
пленка p-типа проводимости p-type film.

проводимый carried out.
облучение, проводимое в течение 8 часов an 8-hour bombardment.

ПРОВОДИМЫЙ НАМИ carried out by us.
в первом пункте проводимого нами доказательства in the first section of the proof.
ПРОВОДИТЬ to carry out (see also **ПОЗВОЛЯТЬ ПРОВОДИТЬ**).
проводить анализ to analyze; Измерение толщины пластин проводили микрометром. Film thicknesses were measured with a micrometer. Каждый день планируется проводить два заседания. It is planned to have two sessions a day.
ПРОВОДИТЬ ПО ОПИСАННОЙ МЕТОДИКЕ to carry out by a described method.
Определение индукционного период проводили по описанной методке [3]. The induction period was determined by [3].
ПРОВОДИТЬСЯ to be conducted.
Остальная часть доказатаельства проводится уже более или менее просто. The rest of the proof is more or less straightforward.
ПРОВОДЯ carrying out.
проводя аналогичные рассуждения by similar reasoning.
ПРОДОЛЖИТЕЛЬНОСТЬ duration.
продолжительность экспозиции до 45 с a 45-s exposure; короткий период экспозиции, например продолжительность от миллисекунд до микросекунд a short exposure, e.g., microseconds to milliseconds.
ПРОДУКТ product (see also **ХИМИЧЕСКИЙ ПРОДУКТ**).
промежуточные продукты intermediates; нефтехимические продукты petrochemicals.
ПРОЕКТ project.
Государственный Научно-исследовательский Институт Метанолпроект State Methanol Institute.
ПРОИЗВЕДЕНИЕ product.
Произведение n sin u есть числовая апертура. The n sin u is the numerical aperture.
ПРОИЗВЕДЕНИЕ ... НА ... product of ... by ... .
Один блок не дает надежды изменить величину произведения силы на расстояние. A single pulley offers no hope of changing force distance.
ПРОИЗВОДИТЕЛЬНЫЙ productive.
жаропроизводительная способность heating power.

ПРОИЗВОДИТЬ to carry out.
производить интегрирование to integrate.
ПРОИЗВОДНАЯ derivative.
дифференциальные уравнения в частных производных partial differential equations.
ПРОИЗВОДСТВО production.
продукты металлургического производства metallurgical products; Анализ огнеупорных материалов - один из самых трудоемких и длительных в практике работы лабораторий металлургических производств. Analysis of refractories is one of the most difficult and lengthy operations in metallurgical laboratories. Метрология аналитического контроля производств цветной металлургии. Analytical Control in Nonferrous Metallurgy.
ПРОИЗВОЛЬНЫЙ arbitrary.
воздействие очень сильного поля на произвольную частицу effect of a strong electric field on a particle.
ПРОИСХОДИТЬ to take place.
Это происходит потому, что ... . This is because ... . Реакция происходит мгновенно. The reaction is instantaneous. Происходит изменение цвета пленки от желтого до красной The film color changes from yellow to red. Лабилизация протонов может происходить за сцет ... . The protons can labilize by ... . обусловлено, вероятнее всего, тем, что разряда комплексов происходил most probably due to the complexes having been discharged; Повышение значений pH происходит сближение этих волн. Raising the pH converges the waves. Происходит незначительный сдвиг в сторону меньшей плотности. There is a slight shift to lighter density.
ПРОИСХОЖДЕНИЕ origin.
биологические объекты растительного произхождения plant biologicals.
ПРОМЫШЛЕННОСТЬ industry (see also **В ПРОМЫШЛЕННОСТИ**).
сточные воды предприятий химической и нефтехимической промышленности wastewaters from chemical and petrochemical plants.
ПРОПОРЦИОНАЛЬНО proportionately (see also **ПРЯМО**

пропорционально).
изменяются пропорционально концентрации воды varies with the water concentration.
пропускание passage.
после пропускания 8 А·ч электричества after 8 A·h.
простой simple.
Это не будет простое использование гигантских антенны, It will not be through giant antennas.
пространственный space.
пространственный сетка lattice.
протекание occurrence.
С учетом данных рис. 3 и резултатов исследований [8, 19] можно допустить протекание реакции металлического железа с растворенными формами Fe(III). Figure 3 and [8, 19] enable the possibility of metallic iron reacting with dissolved forms of Fe(III).
протекание реакция occurrence of a reaction.
Вода способствует протеканию реакции поликонденсации. Water enables polycondensation.
протекать to proceed.
Реакции протекали быстро. The reactions were rapid. Это приводит к тому, что ионизация кадмия протекает. This results in cadmium ionization.
протекающий taking place.
параллельно протекающая реакция parallel reaction; одновременно протекающие реакции simultaneous reactions.
протяжение extent.
протяжение в длину length.
протяженный elongated.
протяженная выемка groove.
проходить to carry out.
Заседание проходило под председательством профессора ... . The session was chaired by Prof. ... .
проходящий passing.
характеристика, проходящая через точку A the characteristic through A.
прохождение passage.
Частицы достигают энергии, во много раз превышающей энергию, полученную ими при прохождении

каждого промежутка. The particles attain an energy many times that gained at each gap.
процедура procedure.
Оптимизированы параметры измерительно-вычислительной процедуры. Measurements and calculations were optimized.
процесс process (see also **отвечающей процессу**; **охарактеризовать процессом**).
развитие локальных коррозионных процессов development of local corrosion; фотографический процесс photography; Процесс фторирования $LiNbO_3$ ... . The fluorination of $LiNbO_3$ ... . процесс хлорирования алюминия aluminum chlorination; депассивация меди - процесс многостадийный copper depassivation is multistep.
прочность strength.
прочность адгезии adhesion.
проявительный development.
фронтально-проявительный анализ frontal analysis (chromatography).
проявление manifestation.
обычно связывают с проявлением блокировочного эффекта usually connected with blocking.
проявлять to show.
Синтезированные 1,2-аминоспирты проявляют антимикробную активность. The synthesized 1,2-aminoalcohols are antimicrobial.
проявляться to appear.
Систематическая погрешность, как правило, проявляется ... . The systematic error is generally ... . Указанная особенность наглядно проявляется при исследовании кинетики окисления алмазов в изотермических условиях, при $T = 273$ К. The property was obvious on studying the diamond oxidation kinetics at 773 K.
прямая straight line.
Очень часто наклон прямой η близок к единице. Very often the slope η is near unity.
прямо directly.
прямо пропорциональный proportional.
прямо пропорциональный directly proportional.
Обнаружено, что токи пиков изменяются прямо пропорционально увеличению концентрации ионов кадмия (II). The peak currents varied with cadmium (II) concentration.

ПРЯМОЙ, ПРЯМО straight.
  уравнение прямой линии linear equation; прямолинейный linear.
публикация (see **в целом ряде публикаций**).
пусть let.
  Пусть Φ_0 - поток излучения, входыщий в системах. Φ_0 is the radiant flux entering the system.
путем by means of.
  ион, который образуется путем потери одного электрона an ion produced by loss of an electron; подача вещества путем конвекции convective transfer.
путь way.
  Главным препятствием на пути прогресса является ... . A major obstacle to progress is ... .

Р

работа work (see also **в работе**; **в ходе данной работы**; **при работе**).
  Работа по изучению ... . Studies on ... . скорость работы запоминающего устройства storage speed; научная работа в области химического анализа research on chemical analysis; следует из общих теорем работ [17], [18] it follows from the general theorems of [17], [18]; автоматизация конторских работ office automation; Принцип работы автоанализатора описан ранее [9]. The autoanalyzer principle was described in [9]. Исследовательские работы [2-4] ... . Studies [2-4] ... . рекомендуемые параметры работы прибора recommended instrument parameters; Приготовление растворов для химико-аналитических работ Preparation of Analytical Solutions; научно-исследовательная работа research.
работать to operate.
  Машина работает со сбоями. The machine is malfunctioning.
работающий 1. operating; 2. working (see also **сторона специалистов работающих в области**).
  1. спектрометр, работающий в однородном поле homogeneous-field spectrometer; вычислительная машина, работающая автономно off-line com-

puter; 2. Ученые, работающие в этой области ... . Researchers in the field ... .

равенство equality.
приближенное равенство approximation; коэффициенты, определяемые из равенства $q_i z_i = p_i z_i$ coefficients determined from $q_i z_i = p_i z_i$

равно, равен equal.
Предел обнаружения цинка был равен 10^{-6} %. The zinc detection limit was 10^{-6} %. основная относительная погрешность равно ±5 % a basic relative error of ±5 %; Кандела равна сыле света, испускаемого в перпендикулярном направлении ... . The candela is the perpendicualar luminous intensity ... .

равновесный equilibrium.
равновесное давление паров vapor pressure.

равняться to be equal to.
Исходя из того, что радиус атома бора равняется ... . On the basis of the radius of the boron atom being ... . Из полученных ими данных рассчитали, что поляризация равняется 8.90. From their data the polarization is calculated to be 8.90.

радиационно-химический разложение radiation-chemical decomposition.
О Механизме Радиационно-Химического Разложения Хлорофоса в Водном Растворе Mechanism of Chlorophos Radiolysis in Aqueous Solution.

радикал radical.
длина алкилного радикала alkyl length.

радио radio.
радиоактивационный анализ activation analysis.

развертка scan.
полярография с треугольной разверткой потенциала triangular-wave polarography.

развитый developed.
Данные рекомендации следуют основным принципам, равитым в предыдущем докладе. These recommendations follow the general lines of the previous report.

раздел 1. section; 2. interface.
1. Символы, используемые в определениях величин из раздела 2.8 ... . Symbols used in defining the quantities in 2.8 ... . разделы прикладной математики, которые используются в

разделение

химии the applied mathematics used in chemistry; 2. поверхность раздела surface.

разделение separation.
с высокой селективностью разделения with high selectivity (chromatography).

различный various (see also **в различных объектов**).
полезный для идентификации различных продуктов useful for the identification of compounds; различно для различных веществ variable with the compound; в 49 различных районах in 49 regions; для решения различных технологических задач to resolve difficulties; Реакция титана неспецифична и для устранений мешающего других катионов прибегают к использованию различных комплексообразователей. Reactions of titanium are nonspecific so that interferences of other cations are eliminated by complexants.

разложение (see **радиационно-химический разложение**).

размер size (see also **по размеру**; **по своим размерам**).
Размер капли очень мал. The drop is small. Фаза макроскопического размера macroscopic phase; Такими зародышами могут быть кристаллики размером 100 Å. These nuclei may be 100-Å crystals. Сила f-излучения от источника малых угловых размеров ... . The strength of f radiation from a small-angle source ... .

размытие blurring.
размытие фронта fronting (paper and thin-layer chromatography).

разность difference.
разность потенциалов potential; в котором разность ($\sum x_i - x_t$) меняет знак in which ($\sum x_i - x_t$) changes sign.

разный different.
различно для разных колонок variable with the column; разные реагенты, применяемые при очистке purification reagents.

разряд discharge.
положительный столб разряда positive column (in a discharge tube); атмосферные разряды atmospherics; плазма дугового разряда arc plasma.

район region.
в различных климатических районах in various climates.
рамка framework.
в рамки локальной теории in a local theory.
ранее earlier.
Ранее предложено определять ртуть методом атомно-эмиссионной спектрометрии [3]. A technique for determining mercury by atomic emission spectrometry has been proposed [3]. ранее не было известно had not been known; Полученные результаты находятся в согласии с ранее измеринными в работе [4]. The results agree with [4]. Принцип работы автоанализатора описан ранее [9]. The autoanalyzer principle was described in [9].
распад decay.
В соответствии с гипотезой переворота спина распад $K^+ \rightarrow \mu^+ + \nu_e$ исключен. According to the flip hypothesis, $K^+ \rightarrow \mu^+ + \nu_e$ is ruled out.
располагать to locate (see also **который мы располагаем**).
диафрагма, которая располагалась в боковом отростке a diaphragm in a side arm; располагая более положительные значения потенциала в верхней части графика with the more positive potentials at the top of the graph.
расположен (see **в которой расположен**).
распределение distribution.
кривая распределения потенциалов potential curve.
распространение 1. dissemination; 2. distribution.
1. признать и способствовать распространение существующих терминов to recognize and encourage existing terms; 2. неоднородное распространение язв nonuniform pits.
рассеяние scattering.
пик дифракционного рассеяния diffraction peak; дисперсионные соотношения пион-нуклонного рассеяния вперед pion-nucleon forward dispersion relations; зависимость дифференциального сечения упругого рассеяния от передачи импульса elastic differential cross-section as a function of the momentum transfer.

рассеянный scattered.
редкие и рассеянные элементы rare earths.
рассматренный discussed.
рассматренная выше характеристика the above characteristic.
рассматриваемый under consideration.
рассматриваемый процесс the process.
рассматриваться to be considered.
В данной статье рассматривается численное моделирование кривых титрования. This paper numerically models titration curves.
рассматриваться проблема to treat the problem of.
В этом статье рассматривается проблема ... . This paper is on ... .
рассматривая considering.
Величину ускорения можно вычислить, рассматривая изменение скорости в единицу времени. The acceleration can be calculated by the change in rate per unit time.
рассмотрение consideration.
Разрешите мне теперь переити к рассмотрению проблемы саморазряда. Let me now pass to self-discharge. Особое внимание было уделено рассмотрению результатов ... . Special attention was given to the results of ... .
расстояние distance (see also **на расстоянии**).
расстояние 1 метр один от другого 1 meter apart.
рассчитанный 1. designed for; 2. calculated.
1. На сколько кодов рассчитана ферритовая память вашей машины? How many codes has the ferrite-core storage of your computer? 2. энергия активации, рассчитаная из аррениусовской зависимости energy of activation from the Arrhenius equation.
рассчитанный как calculated as.
результаты рассчитанный как среднее из пяти экспериментов average results of five experiments.
рассчитанный по параметрам calculated by parameters.
Значения относительного удерживания, рассчитанные по параметрам, измеренным от точки ввода пробы ... . Relative retentions measured

from the point of injection ... .
рассчитывать to calculate.
рассчитывались таким образом, чтобы were such as to.
раствор solution (see also **из раствора**; **часть раствора**).
водный раствор электролита aqueous electrolyte; 5 % раствор NaCl 5 % NaCl; катодный раствор catholyte; 2 М раствор фталата калия 2 M potassium phthalate; травильный раствор etchant; элюирующий раствор eluant; понижение pH раствора drop in pH; в растворах боратного буфера in borate buffers; Емкость, измеренная в растворе 0.01 моль/л глицине ... . The capacitance, measured in 0.01 M glycine ... . В фильтрате устанавливали pH 9.0 насыщенным раствором едкого натрия. The filtrate was brought to pH 9.0 by saturated sodium hydroxide. зависит от величины pH раствора depends on the pH; Раствор титранта должен содержать некоторое количество Cu(II). The titrant should contain some Cu(II).
растущий growing.
Включение железа в покрытия на основе алюминия сопровождается измельчением растущих кристаллов. Inclusion of iron in aluminum-base platings yields smaller crystals.
расценивать (see **следует расценивать как**).
расчет calculation (see also **при расчете**).
расчет результатов измерений measurements.
реагент reagent.
зависит от природы алкилирующих реагентов depends on the alkalizers; комплексующий реагент complexant.
реагент, препятствующий a reagent preventing.
реагент, препятствующий улетучиванию a devolatilizer.
реагент, способствующий a reagent enabling.
реагент, способствующий улетучиванию a volatilizer.
реактив reagent.
жирорастворяющий реактив fat solvent.
реакция reaction (see also **протекание реакции**).
константа равновесия реакции equilibrium constant; константа скорости каталитической реак-

ции catalytic constant; Вода способствует протеканию реакции поликонденсации. Water enabled polycondensation. реакция образования комплекса хрома(III) с ЭДТА formation of a chromium (III) complex with EDTA; реакция деления fission; каталитическая реакция catalysis; реакция фторирования fluorination; Содержание серы находили по реакции разрушения синего комплекса бария с ... . The sulfur content was found by its decomposition of a blue barium complex with ... . реакция комплексообразования complexation.

реализованный realized.
Разработанная методика реализована в программном ... . The method developed was programmed ... .

реализация realization.
и делает возможной его реализацию в автоматическом режиме and makes its automation possible.

реализовывать to realize.
напряжения, что позволяло реализовывать скорости нагрева от 2 до 150 град/с a voltage which enabled a heating rate of 2 to 150 deg/s.

регистр register.
суммирующий регистр adder; накапливающий регистр accumulator.

регистрация (see **с регистрацией**).

регулируемый в пределах regulated within the limits of.
воздух под давлением регулируемым в пределах $(4-8) \cdot 10^4$ Pa air pressure at $(4-8) \cdot 10^4$ Pa.

режим regime.
переменнотоковый режим alternating current; рабочий режим operational; в критическом режиме at critical; полярограф ПУ-1 в постояннотоковом режиме PU-1 polarograph at constant current; режим заряда charging; режим кипения boiling; режим потока flow; концентрирование мышьяка в катодном режиме cathodic preconcentration of arsenic; в изотермическом режиме isothermally; в афтоматическом режиме automation; работа асинхронной машины в режиме двигателя operation of an asynchronous machine as

a motor.

результат result (see also **в результате**; **в результате измерений**; **как результат измерения**; **таким образом** ...; **как это следует из экспериментальных результатов**).
Результаты оределения нитрита и нитрата ... . Determinations of nitrite and nitrate ... . Правильность результатов по предложенной методике ... . The accuracy of the proposed method ... . процесс, в резултате которого the process by which; дает удовлетворительные результаты is satisfactory; Воспроизводимость результатов определения ... . Precision of the determination ... . результаты измерения measurements; резултат вычитания ... из ... subtraction of ... from ...; по результатам рентгенофазового анализ by x-ray diffraction; результаты расчета calculations.

результат анализа result of an analysis.
снижает правильность и воспроизводимость результатов анализа lowers accuracy and precision.

результат изучения result of a study on.
Результаты изучения зависимости толщины слоя от ... представлены на рис. 1. Dependence of the layer thickness on ... is shown in Fig. 1.

результаты исследования results of a study.
В табл. 1 представлены результаты исследования влияния УФ-облучения на ... . Table 1 shows the effect of UV irradiation on ... . С учетом данных рис. 3 и результатов исследований [8, 9] можно допустить протекание реакции металлического железа с раствораными формами Fe(III). Figure 3 and [8, 9] show the possibility of metallic iron reacting with dissolved forms of Fe(III).

результаты определений results of the determination.
Разработанная фотометрическая методика позволяет определять скандий в интервале концентраций 0.05-1.0 мг/л с относительным стандартным отклонением результаты определений 0.05-0.1. The proposed photometric method can determine 0.05-1.0 mg/L of scandium with a relative standard deviation of 0.05-0.1.

рекомендация (see **приводимые в настоящих рекомендациях; соответствие с рекомендациями**).
рекомендация, подготовленная the recommendation prepared.
Текст рекомендаций, подготовленный в 1969 г ... . The 1969 text ... .
речь speech.
используемая в разговорной речи colloquial usage.
речь ... идет with regard to.
Речь в этом случае может идти о дихлорэтаноле, появляющемся в кислой среде. This may also be the case with dichloroethane in the acid solution.
решение 1. working out; 2. solution (of a problem).
1. для решение одной задачи for a single task; 2. Именно эта неразличимость орбит отдельных электронов вызывает настоящие трудности в решение проблемы. It is this nonseparability of the individual electron orbits which introduces the real complexity into this problem.
решетка grating.
монохроматор с двойной решеткой double monochromator.
римская цифра Roman numeral.
Эта ионная линия обозначает символом элемента, за которым следует римская цифра IV. This ionic line is indicated by the element symbol, followed by IV (spectrography).
род type (see also **свой род**).
Подобного рода батарейки обычно невелики. Such batteries are usually small.
рождение generation.
явления связанные с рождением гиперонов hyperon phenomena.
роль role (see also **играть роль**).
Какую роль выполняют эти? What are these for?
рост increase.
Эта величина увеличивается с ростом энергии. This quantity increases with energy.
ряд 1. series; 2. number (see also **в целом ряде**).
1. разложение в ряд Тейлор Taylor expansion; 2. ряд примесных оксидов impurity oxides; ряд бинарных соединений binary compounds; За пос-

ледние годы перед электроаналитическими методами возник ряд проблем, связанных с символикой. Electrochemical techniques have had problems of symbology in recent years.

с

с with (see also **в связи с**; **по сравнению с**; **полученный с помощю**; **проведенный с использованием**; **связанный с**; **снятый с**; **соответствие с**; **соответствие с рекомендациями**).
амперометрия с вращающимся электродом rotating electrode amperometry; Авторы также консультировались с проф. П. Шовеном. We also consulted Prof. Shoven. с записью количества компонента recording the amount of a component; рекомбинация электрона с дыркой electron-hole recombination; эксперименты с электронными ударами electron-impact experiments.

с высокой степенью with a high degree.
с высокой степенью точности accurately.

с импульсом with a pulse of.
K^- мезон с импульсом 800 МэV/c an 800 MeV/s K^- meson.

с использованием with the use of.
метод с использованием постоянного тока d.c. method.

с материалом with material.
колонка с материалом для набивки packed column.

с нею with it.
Разбавитель представляет собой вещество, добавляемое к пробе главным образом с целью увеличить ее обьем для удобства обращения с нею. A diluent is a substance added to a sample mainly to increase its bulk for ease in handling.

с ними with them.
пространство, время и связанные с ними величены space, time, and related quantities.

с образованием with the formation of.
перегруппировался с образованием структуры rearranged to a structure; Распад иона с массой m_1 с образованием иона с массой m_2 .... The decomposition of an ion of mass m_1 into an ion

с отклонением в
of mass m_2 ... . При 0.2 В происходит изменение состава пленки с образованием $Cu(OH)_2$. At 0.2 V the film composition changes to $Cu(OH)_2$.

с отклонением в with deflection in.
анализатор с отклонением в магнитном поле magnetic field analyzer.

с помощью with the aid of.
Свойства нуклидов указываются с помощью ... . Nuclides are specified by ... . устройство управляемое с помощью программы program-controlled device; изолированный от остальной системы с помощью клапанов isolated from the system by valves; непрерывное взвешивание с помощью дериватографа continuous weighing on a Derivatograph; С помощью саней громоздкая киноаппаратура была перевезена на место ниже по течению реки. The sleighs took the bulky cameras down-river. С помощью гигантских телескопов можно будет обнаружить водород. The giant radio telescopes may detect the hydrogen.

с применением with the use of.
Фон уменьшается с применением двойной фокусировки. The background is reduced by double focusing.

с регистрацией with recordation.
потенциометрическое титрование с регистрацией обратной производной inverse derivative potentiometric titration.

с тем provided.
Однако все согасятся с тем, что этот метод получения нового термина следует использовать весьма сдержанно. The general agreement is, however, that this method of obtaining a new term should be used with considerable restraint.

с точки зрения from the point of view.
рентабельность с точки зрения стоимости cost effectiveness; С точки зрения формальной кинетики наблюдаемое торможение может быть интерпретировано как ... . The inhibition may be interpreted kinetically as ... . являются важными с количественной точки зрения are quantitatively important; Изучение представляет интерес с теоретической и практической точки

зрения. The study is of both theoretical and practical interest.
с точностью with an accuracy of.
с точностью около 1 % to about 1 %; В процессе измерения температуру поддерживает постоянной с точностью до ± 1 °C. The temperature during measurement was kept at ± 1 °C.
с успехом with success.
Методика может быть с успехом применена ... . The method may be used ... .
с участием with participation of.
реакция с участием метана methane reaction.
с учетом with regard to.
Фотоаппарат спроектирован с учетом требований высокой частоты циклов. The camera is designed for the requirements of rapid recycling.
с учетом данных with regard to the data.
С учетом данных рис. 3 и резултатов исследований [8, 9] можно допустить протекание реакции металлического железа с растворанными формами Fe(III). Figure 3 and [8, 9] show the possibility of metallic iron reacting with dissolved forms of Fe(III).
с целью for the purpose of.
с целью учесть to take account of; с целью концентрирования микрокомпонента to collect a microcomponent; с целью удаления to remove; Облучение может быть эффективно использовано с целью разрушения в воде остаточного хлорофоса. Irradiation may be used to break down residual Chlorophos in water.
с целью нахождения with the aim of finding.
Оператор просматривает пленку с целью нахождения событий. The operator searches the film for events.
с энергией with an energy of.
образование резонанса с энергией 1405 МэВ production of a 1405 MeV resonance.
сам 1. itself; 2. self (see also **на самом деле**; **тем самым**).
1. единица массы, которая уже сама содержит приставку the unit of mass, which already contains a prefix; 2. Термины должны сами себя пояснить. The terms should be self-explanatory. (сам and себя are redundant since both

самы same.
Это просто другой способ постановки той же самой проблемы. This is simply a different way of stating the same problem.

сведение information.
по литературным сведениям by the literature; сведение материального баланса радиационно-химических превращений the material balance of radiolytic conversions.

свернутый convoluted.
Диаграмма Далитца, свернутая в шестикратный сектор... . A 6-folded Dalitz plot... .

свет light (see also **в свет**).
при облучении его ультрафиолетовым светом by irradiating it with ultraviolet; Поглощение света незначительно. Absorption is negligible. облучение светом двух длин волн irradiation at two wavelengths.

световой light.
движение светового пятна flying spot.

свето light.
максимум светопоглощения absorption maximum; со светофильтром No. 5 with a No. 5 filter.

свободный free.
ионизация в свободном пространстве ionization in space.

сводиться к to lead to (see also **и сводится**).
Взаимодействие сводится к притяжению. The interaction is attractive.

свой its, their (see also **по своим размерам**).
Каждый из этих терминов имеет свою особую область применения. Each of the terms has a specific area of use. Эти две спиральные галактики очень похожи друг на друга не только по своим размерам, но и по составу. These two spirals are similar, not only in size, but also in content. в свою очередь in turn.

свой род its own kind of.
Эти частицы служат своего рода крошечными магнитами. These particles are minute magnets.

свойство property (see also **обладать свойством**; **следующим свойством**).
кислотное свойство acidity; обладать ингибиторными свойствами to be inhibitive; Свойства

нуклидов указываются с помощью ... . Nuclides are specified by ... . пассивирующие свойства продуктов коррозии passivating corrosion products; термодинамические свойства вещества thermodynamics of substances; коррозионно электрохимические свойства благородных металлов electrochemical corrosion of noble metals; с применением органических растворителей обладающих основными свойствами with basic organic solvents; кальцийселективная мембрана анионообменных свойств calcium-selective anion exchange membrane.

связанный с associated with (see also **исследования, связанные с использованием**).
проблемы связанные с символикой problems of symbology; По-видимому, имеется некоторая неопределенность в ситуации, связанной с экспериментом. There appears to be some experimental uncertainty. явление связанные с рождением гиперонов hyperon phenomena.

связывание bond.
связывание амина в комплекс complexed amine.

связываться to combine.
железо(III) связывается в компеис при pH 3 iron(III) is complexed at pH 3.

связь bond (see also **в связи с**).
разрыв связи, соседней с гетероатомом fission adjacent to a heteroatom.

сделать to make (see also **таким образом** ...).
Целесообразно сделать несколько замечаний ... . Some remarks are appropriate ... . сделать измерение сигнала to measure a signal; Было сделано предложение, что ... . It was supposed that ... . Следующий доклад будет сделан Проф. ... . The next paper is by Prof. ... . Проф. Сно сделал доклад на эту тему на прошлой рочестерской конференции. Prof. Snow reported on this subject at the last Rochester Conference.

себе to ourselves.
Мы представляем себе кулоны как крупные сгустки электронов, которые движутся по цепи. We picture coulombs as great bunches of electrons flowing around the circuit.

себя 1. itself; 2. self (see also **в себе**; **можно**

сейчас 120

было бы себе).
1. можно было бы себе представить could conceivably be; 2. Термины должны сами себя пояснить. The terms should be self-explanatory. (сам and себя are redundant since both are synonymous).

сейчас now.
Несколько научных групп сейчас делают этот эксперимент. Several research groups are making this experiment.

сектор sector.
Диаграмма Далитца, свернутая в шестикратный сектор... . A 6-folded Dalitz plot... .

серия series.
серия экспериментов experiments.

серия из a series of.
Серия из четырех вольфрамовых руд ... . Four tungsten ores ... .

сечение cross section.
цилиндрический электрод с круглым сечением circular-cylinder electrode.

сигнал signal.
усилитель разностного сигнала difference amplifier; относительная интенсивность сигналов relative intensity (ordinate of mass spectroscopy profile).

сила 1. strength; 2. force.
1. сила катодного тока cathodic current; в силу уравнения [1] by equation [1]; в силу других причин for other reasons; Иногда желательно знать соответствующую величилну, характеризующую силу полного излучения. It is sometimes desirable to have a corresponding quantity for the total radiation. 2. сила электростатического отталкивания electrostatic repulsion.

символ (see also **обозначаться символом**; **специальный символ**).
Символ e сам по себе обозначает электрон. By itself e denotes an electron.

система system (see also **периодическая система элементов**).
двойная система обозначений dual notation; который в системе СИ имеет название микрометр which has the SI name *micrometer*; собственный газовый объем системы gas holdup volume (chro-

matography); оптическая система optics; резонанс система ... the ... resonance; коррозия сплавов системы Ag—Zn corrosion of Ag—Zn alloys; Полярограммы снимали на полярографах PA2 и PAR-384B с электродной системой PAR-303A. The polarograms were taken on PA2 and PAR-384B polarographs with a PAR-303A electrode. кинетическая энергия протонов в лабораторной системе laboratory proton kinetic energy.
система мелких отверстий system of fine holes.
После того как нейлон расплавится, его прогоняют через систему мелких отверстий в прядильном механизме. The molten nylon is pumped through the spinneret.
ситуация situation.
стабильность при кризисной ситуации crisis stability.
сих (see **до сих пор**).
сказанный the said.
Резюмируя сказанное, ... Summarizing, ... Из сказанного выше ... . From the above ... .
сказать (see **надо сказать, что**).
скопический scope.
электронно-микроскопические снимки electron micrographs.
скорость rate (see also **постоянная скорость**).
константа скорости каталитической реакции catalytic constant; со скоростью 10 $°C$/мин at 10 $°C$/min; замедление скорости slowing.
следует (it) should be (see also **как это следует из экспериментальных результатов**).
Следует отметить, что ... . Note that ... . следует обратиться к refer to; Проба может быть переведена в раствор. Здесь следует различать растворитель и сопутствующие компоненты. A sample may be put into solution. Here we distinguish between the solvent and concomitant. Порядок спектра следует обозначать через m. The order of the spectrum is denoted by m.
следует расценивать как should be regarded as.
Результаты следует расценивать как предварительные. The results are preliminary.
следует считать should be considered.

следует, что

Такие расчеты не следует считать особенно надежными. These calculations are unreliable.

следует, что it follows that.
Из выражения (1) следует, что ... . By equation (1) ... .

следующий (see **состоять в следующем**; **можно привести следующий**).

следующий вид the following form.
Уравнение для выхода по току имеет следующий вид: The current efficiency equation is ... .

следующим выражением by the following expression.
определяется следующим уравнением: is given by ... .

следующим образом in the following manner (see also **можно выразить следующим образом**; **записывать следующим образом**).
выражение (1) можно записать следующим образом: Equation (1) may be written as ... . Объем удерживания определяется следующим образом: The retention volume is given by ... .

следующим свойством: with the following property.
Рассмотрим функцию g(z), обладающую следующим свойством: Let us examine a function g(z) such that ... .

следующим уравнением by the following equation.
может быть выражен следующим уравнением: may be expressed by ... .

слишком too.
Большие электромагнитные рупоры слишком длинны и громоздки. Large electromagnetic horns are long and bulky.

слово word.
Словом "константа" следует пользоваться только для ... . *Constant* should only be used for ... .

слой layer.
Металл покрывал слоем органический растворитель. The metal was coated with an organic solvent. Содержание хрома в поверхностном слое сплава ... . Chromium content at the alloy surface ... . подкисление раствора в приэлектродном слое acidification of the solution at the electrode.

слойный layered.
  толстослойное покрытие thick plating.
служить to serve.
  Газом-носителем служил аргон. The carrier gas was argon. служить примером to exemplify; Эти частицы служат своего рода крошечными магнитами. These particles are minute magnets.
случай case (see also **в случае; в том случае; в данном случае; в случае применения; в тех случаях; тот случай, когда необходимо**).
  особый случай разделения special separation; в общем случае generally; реакция, которая в общем случае имеет вид: the general reaction ...; В альтернативном случае ... . Alternatively ... . во всех необходимых случаях whenever necessary.
см. (abbreviation for смотрите) see.
  (см. табл. 1) (Table 1).
см., например see for example.
  (см., например [8-9]) [8-9].
смола resin.
  полихлорвиниловая смола polyvinyl chloride.
смысл (see **в том смысле, что**).
снабженный supplied.
  буквой M (снабженной индексами) by M with subscripts; Они заперлись в карликовой подводной лодке, снабженной установкой для регенерации воздуха. They were confined in a miniature submarine with an apparatus for air regeneration.
снятый с taken with.
  спектрограмма снятая с серым клином gray-wedge spectrogram.
со with.
  Барионы строятся из кварков со спином 1/2. Baryons are built up of spin 1/2 quarks.
со стороны from the side of.
  помех со стороны урана uranium interference.
собирать to collect.
  камерная линза, которая собирает свет разных длин волн в пучки и фокусирует их objective lens where beams of different wavelengths are focused.
соблюдаться to observe.
  что является желательным и обычно соблюдается

собой (see **представлять собой**).
событие event.
  критерии отбора событий, относящихся к данному каналу selection criteria for the given channel.
совершенно completely.
  В 26 случаях отрицательная проводимость была совершенно незначительной. Negative conductance was slight in 26 cases.
совместно together.
  используемые совместно со стандартными соединениями used with standard substances.
содержание content (see also **относительное содержание**).
  определение содержаний кобалта в сталях determination of cobalt in steels; с содержанием влаги 0.01 об.% with 0.01 vol.% water; Свойства этих соединений изменяются в зависимости от содержания азота. The properties of these compounds vary with the nitrogen. В стали с небольшим содержанием углерода ... . In low-carbon steels ... . нижняя граница определяемых содержаний detection limit; возвращаясь к содержание теории аналитики returning to analytics theory.
содержать (see **который содержит**).
содержащий containing.
  модуль содержащий восемь дискриминаторов an octal discriminator; раствор содержащий хлориды и нитраты solution of chlorides and nitrates; в растворе, не содержащем активирующих агентов in a solution with no activating agents; в хлоридсодержащих электролитах in chloride electrolytes; галогенсодержащее органическое соединение a halogenated organic; сплав содержащий до 18% кремния an alloy with about 18% silicon; хромсодержащая нержавеющая сталь chromium stainless steel.
соединение compound (see also **принадлежат к соединениям**).
  Образование комплексных соединение Fe(III) с ... . Formation of Fe(III) complexes with ... . микрометоды анализа органических соединений organic microanalysis; силановые соединения

silanes; фтористое соединение fluoride; бинарное соединение фтора binary fluoride; химия координационных соединений coordination chemistry; слой интерметаллического соединения intermetallic layer; стандартное соединение standard; промежуточное соединение intermediate; эпокси соединение epoxy; окисление ароматических соединений oxidation of aromatics; аминосоединение amine; трехкомпонентное полупроводниковое соединение $CuInS_2$ the semiconductor $CuInS_2$; карбонильные соединения carbonyls; галогенсодержащее органическое соединение a halogenated organic; Образующиеся в резултате указаных процессов соединения: CH_3COOH; $Ni(CH_3COO)_2$. The above reactions yielded CH_3COOH and $Ni(CH_3COO)_2$. Вредные органические соединения в промышенных сточных водах. Toxic Organics in Industrial Wastewaters.

создание creation.
Необходимо создание новых чувствительных методов. New sensitive methods were needed.

создающий creating.
Системы создающего растровую разверту systems for grid scanning.

соль salt.
азотистокалевая соль potassium nitrite; азотнобариевая соль barium nitrate; катионы четвертичных аммониевых солей quaternary ammonium cations.

соль ... кислоты salt of ... acid.
соль серной кислоты sulfate.

соображение consideration.
Имеется много индивидуальных названия таких веществ, появившихся скорее исторически, чем из соображений систематизации. There are many individual names for such substances, which have arisen historically rather than systematically.

сооружение construction.
Сооружение ускорителя стоит дорого. The accelerator is expensive.

соответственно respectively.
Символы K_n и β_n используют соответственно для ступенчатых и общих констант. The symbols K_n and β_n are used for stepwise and cumulative

constants.

соответствие с accordance with (see also **в соответствие с литературными данными**).
в соответствие с которой in which; Плавная кривая была рассчитана в соответствии со статистической моделью. The smooth curve was calculated by the statistical model.

соответствие с рекомендациями accordance with the recommendations of.
очищали от кислых примесей в соответствия с рекомендациями [10] freed from acid impurities by [10].

соответствовать to comply with.
Обозначение физической величины должно соответствовать рекомендованному. The symbol for a physical quantity should be that recommended. Форма пиков приблизительно соответстфует кривой Гаусса. The peaks are approximately Gaussian.

соответствующий corresponding (see also **вводить соответствующих**).
значение, соответствющее метастабильному пику, по шкале m/e value along the m/e scale for a metastable peak; по сравнению с соответствующими величинами compared with values; точка соответствующий v(1) point at v(1); причем соответствующая единица есть cm^{-1} with a unit of cm^{-1}; Уравнение соответствующей реакции имеет вид ... . The equation for the reaction is ... .

соответствующие величины corresponding values.
Положение максимума на кривых ДТА и значение температуры начала окисления определями усреднением соответствующих величин из 2-3-х независимых опытов. Positions of the maxima on the DTA curves and temperatures at the start of oxidation were averages of 2 or 3 independent runs.

соотношение 1. relation; 2. ratio (see also **выполняться соотношение**)
1. так как соотношение $c_1 \gg c_2$ since $c_1 \gg c_2$;
2. смесь соляной и азотной кислот в соотношение 3:1 a 3:1 mixture of hydrochloric and nitric acids.

сопровождаться to be accompanied by.

Включение железа в покрытия на основе алюминия сопровождается измельчением растущих кристаллов. Inclusion of iron in aluminum-base platings reduces the crystal size.
сопровождающий accompanying.
Переходы, сопровождающиеся поглощением или испусканием ... . Absorption and emission transitions ... .
сопротивление resistance.
реактивное сопротивление reactance.
сорбент sorbent.
активный твердый сорбент active solid (chromatography).
состав 1. formulation; 2. composition (see also **входящий в состав**).
1. моечный состав cleaner; В данной работе предлагается новый состав фторборатного электролита. This paper proposes a new fluoborate bath. 2. соединения одинакового состава similar compounds; Винилкарбазолы имеют слишком различный состав в разных партиях the vinyl carbazoles are too variable from lot to lot. Сера часто встречаются в состав природных газов. Sulfur is often found in natural gases. разбавление растворы различного состава various dilute solutions; образуется оксидная пленка состава Cu_2O forms a Cu_2O film; анализ состава стандартных образцов analysis of standard samples; Влияние других элементов сплавов изучали анализом стандартных образцов различного состава. The effects of the other alloy elements were studied by analyzing various standard samples.
составить 1. to amount to; 2. to compile.
1. Предел обнаружения составил 10^{-6} %. The detection limit was 10^{-6} %. 2. составить список to list.
составление designing.
требования для составления программы прерывания requirements for a program interrupt system.
составлять 1. to formulate; 2. to consist of; 3. to comprise (see also **что составляет**).
1. составлять план to plan; 2. Полученные газы содержали 30-40% водорода, причем оставшуюся

часть составляли германи. The gases obtained contained 30-40% hydrogen, the remainder being the germanes. 3. Ценность составляет ... . The value is ... .

составлять величину to comprise a value.
Коэффициент экстинкции полимера, отнесенный к одной связи, составляет величину токого же порядка, что и у мономерной формы. The extinction coefficient of the polymer per single link is of the same order as that of the monomeric form.

состоит в том consists in the fact.
Возражение против этого метода состоит в том, что ... . An objection to this method is that ... .

состоит в том, чтобы is formulated in order to.
При сооружении больших оптических телескопов главная цель состоит в том, чтобы получить большую собирающую поверхность. In building large optical telescopes, the main aim is to achieve a large collecting surface.

состояние state (see also **в состоянии**; **в ... состоянии**; **в элементном состоянии**).
свободное состояние open (pores); пассивное состояние passivity; коллоидальное состояние colloidality; двухквазичастичные возбужденные состояния two-quasi-particle excitations; изменение состояния поверхности электрода при адсорбции adsorptive change in the electrode surface; в состоянии покоя at rest; в состоянии поставки as received; насыщенное состояние saturation; равновесное состояние equilibrium.

состоять в to lie in.
Основой недостаток состоит в ... . The main disadvantage is ... . Идея состоит в следующем. The idea is as follows.

состоять из to consist of.
Скатерть и салфетки могут вполне иметь текстуру полотна но, тем не менее, они могут состоять из бумаги. The tablecloth and napkins may have a linen texture, but still be paper. Влияния температуры и давления рассмотрены на примере катализатора, состоящего из фоспорной кислоты. The effects of temperature and pres-

sure were studied with a phosphoric acid catalyst. Коллектор по результатам рентгенофазового анализ состоит из аморфного углерода. By x-ray diffraction the collector was amorphous carbon.
состоять из следующем consists of the following. Самое простое объяснение наших результатов состоит в следующем: The easiest explanation of our results is that ... .
состояться to take place. Конференция состоявшейся в октябре 1964 г ... . The conference in October 1964 ... .
сосуд vessel. поглотительный сосуд absorber; взвешивания в миниатюрних химических лабораториях, имеющих вид запаянного стеклянного содуда weighings in miniature chemical laboratories sealed in glass.
сохранять to maintain. Градуировочный график сохраняет прямолинейность The calibration curve is linear.
спай junction. спай термопары thermocouple.
спектр spectrum (see also **область спектра**). линия спектра поглощения absorption line; источники возбуждения спектра excitation sources.
спектральный spectral. измерение интенсивности спектральных линий в пределах одного спектра line intensities within one spectrum.
специалист (see **сторона специалистов работающих в области**).
специальный символ special symbol. специальный символ V_N V_N
список list. список литературы literature.
сплав (see **на основе сплава**).
способ method (see also **по способу**). электрохимический способ испытания electrochemical test; способ применения usage; Надо сказать что описанный метод является уникальным способом. The method is unique. источники, выделение химическим способом chemically separated sources.

способность power.
  всасывающая способность absorptivity; относительная излучательная способность radiant emissivity; Теоретическая разрешающая способность R_0 ... . The theoretical resolution R_0 ... .

способный capable.
  реакционноспособный полимер reactive polymer; твердый материал, способный поглощать жидкую фазу a solid that absorbs the liquid phase; способный квантоваться quantizable.

способствовать to enable.
  Сернистый газ способствует формированию плотных пленок. Sulfur dioxide forms dense films. способствует усилению strengthens.

способствующий (see **реагент, способствующий**).

справочный reference.
  в отличие от справочных пособий обычного типа as distinguished from usual manuals.

сравнение (see **по сравнению с**).

сравнительно comparatively.
  Влияние анионов на потенциал сравнительно мало изучено The effect of anions on the potential has been little studied.

среда medium.
  солянокислая среда hydrochloric acid; окружающая среда environment; замораживающая среда freezant; в среде перегретого водяного пара in superheated steam; текучая среда fluid; воздушная среда лабораторного помещения laboratory atmosphere.

средний mean.
  средняя функция от is a function of.

средство agent.
  средство для удаление лака nail polish remover; средство обнаружения sensor; травительное средство etchant; абсорбирующее средство absorbent; жаропонижающее средство antipyretic.

стабилизация control.
  электронные часы с кварцевой стабилизацией quartz clock.

стабильный constant.
  стабильный норматив отчислений standard deduction.

ставить to place.
ставили своей целью aimed at.

стадия stage.
Эти волны соответствуют последовательным стадиям восстановления these waves represent successive reductions. Совмещение стадий пробоподготовки и анализа ... . The combination of sample preparation and analysis ... . концентрация компонента контролирующая стадия анодного растворения the concentration of the component controlling anodic dissolution.

стан mill.
прокатка на планетарном стане planetary rolling.

становиться to become.
Известно, что выращивание кристаллов становится возможным ... . Crystals can be grown ... . Это становится понятным, если ... . This is understandable if ... .

станок machine.
шлифовальный станок polisher; токарный станок lathe.

статус status.
Этот метод не имеет официального статуса. The method is unofficial.

статья article (in a journal).
Важность подобного различия отмечалась в статье [32]. The importance of such a difference was noted in [32].

степень 1. degree; 2. exponent (see also **показатель степени; с высокой степень точности**).
1. степень активность activity; степень разделения resolution; в меньшей степени восстанавливается $TiCl_4$ less $TiCl_4$ is reduced; степень чистоты продукта product purity; 2. показатель степени exponent (since both are synonymous).

степень полноты degree of completeness.
степень полноты разделения resolution.

степень хроматографического degree of chromatographic.
степень хроматографического разделения resolution.

стоить to cost.
Сооружение ускорителя стоит дорого. The accel-

erator is expensive.
столб column.
миллиметр ртутного столба millimeters of mercury.
сторона side (see also **со стороны**).
с увеличением активностью в правую сторону with increasing activity to the right; задная сторона back; фактическая сторона the facts; Интересно, что этот крупный самец практически не встречал оппосиции со сторноны других галок колонии. It was interesting that this big male experienced little or no opposition from the other jackdaws. Происходит незначительный сдвиг в сторону меньшей плотности. There is a slight shift to lighter density.
сторона специалистов, работающих в области (from) the side of specialists working in the field of.
критика со стороны специалистов, работающих в области газовой хроматографии criticism from gas chromatographers.
стоять to stand.
Между окнами стояли крошечные книжные шкафике. There were dwarf bookcases between the windows.
стоящий standing.
интеграл, стоящий в правой части тождества (5) the integral on the right side of (5).
стремиться to approach.
a асимптотически стремится к b a is asymptotic to b.
строение structure.
заместитель нормального строение normal substituent; строение двойного электрического слоя double layer; строение микрорельефа поверхности relief.
строить to construct.
строить график to plot.
строительный construction.
машиностроительный завод machine plant.
строительство construction.
жилищно-гражданское строительство civil housing.
структура structure.
между двумя уровнями сверхтонкой структуры be-

tween two hyperfine levels; радикалы тетразолия циклической структуры cyclic tetrazolium radicals; многоядерная циклическая структура polycyclic ring.

Стьюдент Student.
   t-критерий стьюдента t-test.

судя по judging by.
   Судя по измерениям, нет абсолютно никаких оснований утверждать, что ... . The measurements give absolutely no reason for saying that ... .

сумма sum.
   сумма (W + T) стремится к нулю (W + T) approaches zero.

сухой dry.
   сухая батарея battery.

суша dry land.
   поверхностная вода суши surface water.

существование existence.
   Гипотеза о существования двух типов нейтрино ... . The two-neutrino hypothesis ... . Во время существования большого солнечного пятна в феврале 1946 ... . At the time of the great sunspot of February 1946 ... .

существовать to exist.
   четыре возможных геометрических изомера, каждый из которых существует в виде four possible geometrical isomers, each as; когда существует возможность when there is a possibility; В системе существуют два гидрата фторида ванадила. The system has two vanadyl fluoride hydrates.

существующий existing.
   фактически существующий actual; Существующий эмпирические модели сегрегации примесей [1-4] ... . Empirical models of impurity segregation [1-4] ... .

существующий в existing in.
   Интенсивности спектральных линий зависят от условий, существующих в источнике. Intensities of the spectral lines depend on the source conditions.

сформулированный formulated.
   мы установили необходимость сформулированного нами условия we established the necessity of our condition.

схема 1. schematic; 2. circuit; 3. arrangement;

схематический 134

4. system.
1. схема элемента будет иметь вид: the cell is ... . 2. логические схемы вычислительной машины computer logic; 3. поглотительная схема absorber; 4. В схеме (a) чистый продукт выводится сверху. In (a) pure material is taken off at the top. Упростить схему анализа ... . To simplify the analysis ... .

схематический schematic.
схематический диаграмма diagram.

счет (see **за счет**).

считать, считаться to consider (see also **можно считать, что; могут считаться; следует считать**).
Рекомендуется считать, что ... . It is recommended that ... .

считать, что to consider that.
Логично считать, что ... . Logically ... .

сырье raw material.
минеральный сирье mineral.

сюда here.
Объем любого твердого носителя сюда не включает. The volume of any solid support is not included.

Т

T abbreviation for temperature.
при *T* = 773 K at 773 K.

так thus.
так, например for example.

также also.
При поиске редких антител должны быть также использованы испытания при комнатной температуре. In looking for rare antibodies, tests at room temperature should be included. Другие спектральные линии также обнаруживают увеличение интенсивности, но ... . Other spectral lines show the intensification (brightening), but ... .

таким образом, по результатом проведенных исследований можно сделать thus according to the results of the study carried out, it is possible to draw.
Таким образом, по результатом проведенных ис-

следований можно сделать вывод, что ... . It is concluded that ... .

таковой such.
с дополнительными знаками или без таковой with or without modifying signs.

такой such.
такие термины, как terms like.

т.е. that is
переменные факторы возбуждения большой амплитуды, т. е., приблизительно равной 0.12 В variable excitation signals of large amplitude, approximately 0.12 V; где t_R - время удерживания, т. е., время от момента ввода пробы where t_R is the retention time, the time after injection of the sample.

текст text.
Авторы внесли соответствующие коррективы в текст нижеследующих рекомендаций. We have incorporated the necessary amendments in the following recommendations. В английских текстах почернение часто называются "оптической плотностью." In English *blackening* is often called *optical density.*

тело body.
в которых неподвижная фаза представляет собой активное твердое тело in which the stationary phase is an active solid; мера жидких тел liquid measure.

тем by those (see also **с тем**).
Даже тем авторам, которые последуют приводимым ниже рекомендациям ... . Even authors following the recommendations below ... .

тем самым thus.
Графики представляют прямые линии, тем самым показывая, что ... .The plots are straight lines, showing that ... .

тем, что by the fact that.
обусловлено, вероятнее всего, тем, что разряда комплексов происходил most probably due to the complexes having been discharged.

температура temperature (see also **в диапазоне температур; интервал температур; при температуре**).
до температуры 1750 ^{0}C to 1750 ^{0}C; нагревание при температуре, близкой к температуре кипения

теоретический theoretical.
теоретические основы анодной защиты principles of anodic protection.
теперь now.
Термины "экстинкция" и "показатель экстинкции" неудобны, поскольку термин "экстинкция" теперь применяется для рассеяния излучения, а не для поглощения. *Extinction* and *extinction coefficient* are unsuitable because *extinction* is reserved for diffusion of radiation rather than absorption.
термин term.
Мембрана - этот термин относится к ... . *Membrane* - this refers to ... . Применение терм на "твердый раствор" к аморфным веществам не рекомендуется. The use of *solid solution* for amorphous materials is not recommended. Термин спектроскопия с разрешением во время относят к ... . *Time-resolved spectroscopy* refers to ... . множественность смысла терминов multiple meanings.
термический thermal.
термическая отгонка distillation.
тех those (genitive).
Словом "константа" следует пользоваться только для тех чисел, которые действительно являются постоянными. *Constant* should only be used for numerical values which are really constant.
техника 1. technology; 2. technique.
1. ядерная техниика atomics; 2. техника газовой хроматография gas chromatography.
технический technical.
технические условия specifications.
техническое применение technological application.
технические применения ультразвука ultrasonics.
техническое условие technical conditions.
указывать технические условия to specify.
технологическая характеристика technological characteristic.
Суммарное содержание оксидов калия и натрия является важной технологической характеристикой многих материалов используемых в металлур-

гии. The total content of potassium and sodium oxides is important for many metallurgical materials.

технологический technological.
регулирование технологического процесса process monitoring; анализ технологических растворов производства цеолитов analysis of solutions in zeolite production; для решения различных технологических задач to resolve difficulties.

технология technology.
основные принципы технологии обработки воды basic principles of water treatment; ядерная технология atomics.

течение course (see also **в течение; в течение которого; по течению**).
Равновесие между фазами достигается в течение 20-25 мин. Interphase equilibrium is reached in 20-25 min. В течение следующих двух зим ... . In the next two winters ... .

течь to flow.
Если ток течёт в том же направлении ... . If this is the direction of the current ... .

тип type.
электролизер типа Доу a Dow cell; В зависимости от типа силана ... . Depending on the silane ... . Ускорители этого типа ... . These accelerators ... . оговорить тип применяемого растворителя to specify the solvent; электролизер ящичного типа box cell; пособия обычного типа usual manuals; сплав типа силумин a Silumin alloy; Гипотеза о существования двух типов нейтрино ... . The two-neutrino hypothesis ... . образование двойных оксидов типа Na_2O x MeO formation of Na_2O x MeO double oxides.

ткань fabric.
хлопчатобумажная ткань cotton.

то in that case.
Если два компонента разделены достаточно хорошо, то критерий разделения может быть выражен следующим уравненнем: If two compounds are enough separated, the resolution may be expressed by ... . Что касается структуры галлиевых стекол, то сведения в литературе скудны. Information in the literature on the structure

of gallium glasses is meager.
то и then also.
Если предмет невелик, то и его инерция невелика. If an object is small, its inertia is small.
тогда then.
Часть хроматограммы, зарегистрированная тогда, когда ... . The portion of a chromatogram recorded when ... .
того (see **после того как**).
того, как that which.
после того, как они получили одну и ту же кинетическую энергию after they have been given the same kinetic energy.
тождество identity.
интеграл, стоящий в правой части тождества (5) the integral on the right side of (5).
ток current.
полярография с полуинтегрированием тока semi-integral polarography; генератор переменного тока alternator.
токсикант toxicant.
токсиканты канцерогенного действия carcinogen.
только only.
Он ограничивается только областью водных растворов. It is limited to aqueous solutions.
толщина thickness.
пленка толщиной 20 μм a 20-μm film.
том (see **состоит в том**).
тому to it.
старение фотопластинки и тому подобных процессов ageing of the plate and similar processes.
тонкий thin.
покрыть бумагу тонким слоем to apply a coating to paper.
тонко finely.
тонкодисперсная руда disperse ore.
тончайший very fine.
Предположим, что кристаллический образец представлен в виде тончайшего порошка ... . Suppose the crystal specimen is a powder ... .
тот that (see also **в тех случаях; в то время; в том случае; в том смысле, что; для того; на то; говорит и тот факт**).
В течение того времени, когда ... . During the

period when ... . линейная скорость потока в той части колонки linear flow rate in a part of the column.

тот же same.
энергия той же самой или другой частоты energy of the same or other frequency.

тот случай, когда необходимо that case where it is necessary.
кроме тех случаев, когда необходимо except to.

тот, что the fact that.
Это приводит к тому, что ионизация кадмия протекает в условиях недостатка лиганда. This leads, with insufficient ligand, to cadmium ionization.

точка point (see also **с точки зрения**).
характеристика, проходящая через точку A the characteristic through A; точка перегиба inflection.

точно accurately.
Весьма важно точно указывать it is important to specify.

точность (see **с точностью**).

т. п. etc.
например, вода, частицы пыли и т. п. for example, water and dust.

требоваться to be required.
На обработку одной траектории требовалось 6 минут машинного времени. The computer time was 6 minutes per trajectory.

трехкомпонентный ternary.
трехкомпонентное полупроводниковое соеинение $CuInS_2$ the semicoductor $CuInS_2$.

труд work.
производительность труда productivity.

Y

увеличение increase.
Содержание железа возрастает с увеличением концентрации ОЭДФ. The iron content rises with HEDP concentration. Обнаружено, что токи пиков изменяются прямо пропорционально увеличению концентрации ионов кадмия(II). The peak currents varied with cadmium(II) concentration. Другие спектральные линии также обнаруживают

углеводород 140

увеличение интенсивности, но ... . Other spectral lines show the intensification (brightening), but ... .
углеводород hydrocarbon.
ароматический углеводород an aromatic.
удаваться to succeed.
многие из этих линий удалось разделить many of the lines have been resolved.
удельный specific.
удельная проводимость conductivity.
удельное электрическое specific electrical.
удельное электрическое сопротивление resistivity.
уже already.
Остальная часть доказательства проводится уже более или менее просто. The rest of the proof is more or less straightforward. Этот метод нитрованния был уже описан несколькими учеными. This method of nitration has been reported by several workers.
узел unit.
узел сравнения comparator; суммирующий узел adder.
указанный cited.
указанный метод the method; указанная реакция this reaction; Кроме вышеуказанных элементов ... . Besides the above elements ... . Образующиеся в результате указанных процецессов соединения: CH_3COOH; $Ni(CH_3COO)_2$. The reactions yielded CH_3COOH and $Ni(CH_3COO)_2$. Указанная особенность наглядно проявляется при исследовании кинетики окисления алмазов в изотермических условиях, при $T = 273$ К. The property was obvious on studying the diamond oxidation kinetics at 273 K.
указатель index.
библиографический указатель bibliography.
укреплять to fasten.
В точке А укреплена ось ... . An axle is at A ... .
уменьшаться to decrease.
Количество распадающегося углерода уменьшается на половину каждые 5570 лет. The decaying radioactive carbon halves every 5570 years.
уместно appropriately.

Термин "химическое" старение уместно применять в тех случаях, когда ... . *Chemical* ageing is used when ... .
упомянутый cited.
   когда рассматривались упомянутые изменения when the amendments were under consideration.
употребление use (see also **возможность употребления**).
   совместное употребление этих единиц a combination of these units.
употребление которого the use of which.
   примеры, употребление которых следует избегать examples to be avoided.
управляющий controlling.
   управляющие команды commands.
уравнение equation (see also **следующим уравнением; описываться уравнением**).
   Константа равновесия описывается уравнением: ... . The equilibrium constant is expressed by ... .
уровень level.
   довести до современного уровня to bring to date; на уровне 1.4 В at 1.4 V; верхний уровень дискриминатор upper discriminator; Температура удерживалась на уровне 25°С. The temperature was kept at 25°С. Спектр уровней ^{238}Np ... . The spectrum of ^{238}Np ... . время восстановления эффективности на уровне 90% a 90% efficiency recovery time; оптимальные уровни концентрации элементов optimum element concentrations.
усилие (see **все наши усилия**).
условие condition (see also **в конкретных условиях эксперимента; в ... условиях; техническое условие; условие получения; в излученных условиях; в изотермических условиях**).
   Необходимым условием снижения предел обнаружения является повышение чистоты. A higher purity is necessary to lower the detection limit. плазма, получаемая в лабораторных условиях laboratory plasma; для поддержания нормальных рабочих условий камеры for normal chamber operation; скорость растворения, измеренные в потенциостатических условиях dissolution rate, measured potentiostatically; веще-

условие получения

ство, которое не может быть осаждено в обычных условиях a substance which is not normally precipitated; в нормальных условиях normally; коррозия в динамических условиях dynamic corrosion; полное экстракционное извлечение достигается при условие $D \approx 700$ complete extraction is achieved at $D \approx 700$.

условие получения condition for obtaining.
оптимизация условий получения аналитического сигнала в инверсионной вольтамперометрии analyte signal optimization in stripping voltammetry.

успех (see **с успехом**).

успешно successfully.
успешно применяется is used.

устанавливаться to be determined.
Оценка (26) устанавливается вполне аналогично оценке (25). The proof of (26) is completely analogous to that of (25).

установка 1. plant; 2. device.
1. авария ядерной установка nuclear accident.
2. установка для опрыскивания sprayer.

установление establishment.
время установления равновесия equilibration time.

установлено, что it was established that.
Установлено, что обрастает микроорганизмами углеродистая сталь. Microorganisms fouled carbon steel. Установлено, что ζ потенциал изменялся в диапазоне 9-20 мВ. The ζ potentials varied between 9 and 20 mV.

устройство device.
запоминающее устройство storage; сушильное устройство dryer; дифференцирующий устройство differentiater; печати на внешних устройствах off-line printing; Большая многоступенчатая ракета представляет собой очень сложное устройство. A big multistage rocket is very complicated.

участвующий participating.
Нельзя считать что эта идентичность является лишь кажущейся и что она возникла из колебания участвующих валентных электронов. This identity should not be regarded as apparent and arising from an oscillation of the valence

electrons.
участие participation (see also **с участием**).
реакция с участием метана methane reaction.
участок кривой section of a curve.
рост на начальном участке кривой the initial growth.
учет calculation (see also **с учетом; с учетом данных**).
Модель сводится только к учету вклада от полюсов. The model reduces only to the pole contributions.

Ф

фаза phase.
объем жидкой фазы liquid volume; объем твердой фаза solid volume; интерметаллическая фаза intermetallic; активная твердная фаза active solid.
фазный phase.
газо-твердофазная хроматография gas-solid chromatography.
факт fact (see also **говорит и тот факт; этот факт**).
Недавно установленнный факт, что ... . The recent determination that ... .
фактор factor (see also **другие факторы**).
Концентрация нитрита натрия является критическим фактором определяющим качество получаемых продутов. The sodium nitrite concentration is critical for quality control. варьируемые факторы variables; влияние стерического фактора steric effect.
физика physics.
физика атома atomics; физика атомного ядра atomics.
физический physical.
физический объект entity; физическая величина quantity; Они задаются физическими постоянными температурой и длиной волны. They are predetermined by temperature and wavelength constants. физические законы лежащие в основе явления радиоактивности the laws of radioactivity.
форма form (see also **в форме; по форме**).

формальный

Образец прямоугольной формы ... . A rectangular sample ... . Форма пиков приблизительно соответствует кривой Гаусса. The peaks are approximately Gaussian. электрод сложной геометрической формы electrode with a complex geometry; прямоугольная форма импульсов square wave; установившаяся форма импульса steady-state pulse; восстановленная форма титранта the reduced titrant; переход органических форм селена в селен(IV) conversion of organic selenium to selenium(IV).

формальный formal.
С точки зрения формальной кинетики наблюдаемое торможение может быть интерпретировано как ... . The inhibition may be interpreted kinetically as ... .

формирование formation.
формирование рисунка структуры picturing a structure.

формула 1. formula; 2. equation.
1. Продукт соответствовал формуле $Ni(BF_2O)_2$. The product corresponded to $Ni(BF_2O)_2$. 2. Скорость фторирования рассчитывали по формуле ... . The fluorination rate was calculated by ... .

фото photo.
спектральная фотопластинка spectral plate; фотопленка film.

фронт front.
фронт нарастания импульса pulse rise.

функциональный functional.
функциональная присадка additive.

функция function (see also **как функции**).
из определения функции ф вытекает, что она удовлетворяет условиям from the definition it follows that ф satisfies the conditions.

X

характер character.
ароматический характер aromatic; полярный характер polarity; Рекомендации носят скорее разъяснительный, чем предписывающий характер. The recommendations are descriptive rather than prescriptive. соединения основного харак-

тера basic compounds; примесь кислого характер acidic impurity; Зависимости 3 и 4 носят полуколичественный характер. Equations 3 and 4 are semiquantitative. примечание исторического характера historical note.

характеризовать to characterize.
Тогда, характеризуя относительную силу спектральных линий, можно использовать неопределенное выражение интенсивность I. Then the indefinite expression I can be used for the relative strength of a spectral line.

характеризоваться to be characterized by.
соединения, которые характеризуются непосредственной связью углерода с металлом compounds which have a direct union of carbon with a metal; Разработанная методика отличается простотой, достаточной экспрессностью, воспроизводимость ее характеризуется относительным стандартным отклонением s_r = 0.123. The method developed is simple and fast, with a relative standard deviation (s_r) of 0.123.

характеризующий characterizing (see also **величина, характеризующая**).
константы, характеризующие конкретные материалы material constants; Иногда желательно знать соответствующую величину, характеризующую силу полного излучения. It is sometimes desirable to have a corresponding quantity for the total radiation. вольтамперограмма, характеризующая перенос ионов через границу мембрана/раствор voltammogram for ion migration through a membrane/solution interface.

характеристика characteristic (see also **технологиская характеристика**).
количественная характеристика quantity; гидрохимическая характеристика water chemistry; потенциостатические характеристики углеродистой стали the potentiostatics of carbon steel; статические характеристики statistics; характеристика удерживания retention.

характерный characteristic.
характерная особенность feature; характерная черта feature.

химико chemico.
Приготовление растворов для химико/аналитиче-

химический

ских работ. Preparation of Analytical Solutions.
химический chemical (see also **в химической литературы; радиационно-химический разложение; по своему химическому действию**).
химический реактив reagent; химическая реакция reaction; химическое соединение compound; химический состав растворов солей composition of salt solutions; химическая дифференциальная спектрофотометрия differential spectrophotometry; парциальное давление химической формы partial pressure of the species; электрохимическое восстанавливающийся вещество electroreducible substance; электрохимический синтез electrosynthesis; фотохимический катализ photocatalysis; химический элемент в стали an element in the steel; Для химической обработки ниобата лития обычно используют концентрированные растворы HF и HNO_3. Lithium niobate is usually treated with concentrated solutions of HF and HNO_3. химическая структура алкилкарбоксилатов в растворе the structure of alkyl carboxylates in solution; электрохимическое осаждение цинка electroplating of zinc.
химический продукт chemical product.
Бутиролактон играл значительную роль как промежуточный химический продукт. Butyrolactone was of considerable importance as an intermediate.
ход 1. process; 2. motion (see also **в ходе данной работы**).
1. ход выполнение implementation; в ходе рассмотрения in considering; 2. перемена хода reversal; рычаг перемены хода reverse lever.
хозяйство establishment.
жилищное хозяйство housing.
хорошо good.
Этот результат является хорошим подтверждением модели файерболлов. This result supports the fireball model.
хотеть to desire.
Если хотят подчеркнуть ... . If it is to be emphasized ... .
хроматографический (see also **степень хроматографического**).

хроматографический пик peak.

Ц

цвет color.
  осадок черного цвета black precipitate.
целесообразно записать в виде appropriately written as.
  Реакцию разряда ионов водорода при этом целесообразно записать в виде ... . The hydrogen ion discharge reaction is then ... .
целесообразно применять при is suitably used in.
  Этот метод целесообразно применять при определении ... . The method determines ... .
целый whole (see also **в целом**; **в целом ряде**; **в целом ряде публикаций**).
  целый ряд факторов a series of factors.
цель purpose (see also **для ... целей**; **с целью**; **с целью нахождения**).
  с целью единообразия for uniformity; стандартные образцы для аналитических целей standard samples for analysis; могут быть использованы для целей полярографического определения содержания $CuSO_4$ may be used for the polarographic determination of $CuSO_4$.
цель настоящей the purpose of the present.
  Цель настоящей работы - автоматизация определения железа(III). This paper automates the determination of iron(III).
цена value.
  манометр с ценой деления 1 мм manometer with 1-mm divisions.
цепь 1. chain; 2. circuit (electronics) (see also **в цепи**).
  1. переход метила к концу цепи terminal methyl shift; 2 поглотительная цепь absorber.
цилиндр cylinder.
  градуированный цилиндр graduate.
цифра (see **римская цифра**).

Ч

частица particle.
  Инжекция частиц осуществляется при помощи генератора Ван-де-Граафа на 3 МэВ. Injection is

from a 3-MeV Van de Graaff machine. ускорители частиц высоких энергий high-energy accelerators; быстрые нейтральные частицы fast neutrals; частицы пыли dust; атомная вес частицы видах X atomic weight of species X; покрытый адсорбированными частицами соединения coated with the adsorbed compound; счетчик альфа частиц alpha counter.

частное quotient.
частное отношение ratio.

часто often.
Пирамида — массивное сооружение, которое особенно часто встречается в Египте. A pyramid is a massive monument found especially in Egypt.

частота frequency.
Машина работает на частоте 67 МГц. The machine operates at 67 MHz. ультразвуковые частоты ultrasonics; Лазеры с перестраиваемой частотой ... . Tunable lasers ... .

частота вращения frequency of rotation.
Измерения на вращающемся дисковом электроде выполняли при частоте вращения 830-3900 об/мин. The rotating disk electrodes were measured at 830-3900 rpm.

часть part.
длинноволновая часть инфракрасного излучения long-wave infrared; остальная часть remainder; центральная часть center; 1/e часть времени накопления 1/e storage time; часть объема колонки не занятую the volume of the column not occupied by; Экспериментальная Часть Experimental; в верхней части графика at the top of the graph; Отбирают аликватную часть раствора ... . An aliquot of the solution is taken ... . Большую часть присутствующих в растворах комплексов можно отнести к категории электрохимически активных. Much of the dissolved complexes are electrochemically active.

часть раствора part of the solution.
К аликвотной части раствора добавляют ... . To an aliquot are added ... .

чем (see **не ... чем**).

через through (see also **идущий через**).
Частицы проходят через ... . The particles cross ... . интервали через 6⁰ intervals of

$6°$; Ширина линии обозначается через $\delta\lambda$. The line width is designated $\delta\lambda$.

черта feature.
характерный черта characteristic.

численный -fold
использовались многочисленные символы many symbols have been used.

число number.
отношение числа нейтронов к числу протонов neutron-to-proton ratio; число частиц в импульсе particles per pulse; ион с четным числом электронов even-electron ion; Алкилкарбоксилаты с числом углеродных атомов в радикале меньше трех ... . Alkyl carboxylates with less than three carbons in a radical ... . Число циклов до стабилизации потенциала ... . The cycles for potential stabilization ... .

чисто purely.
неудобно чисто практически inconvenient in practice.

чистота purity.
соль технической чистоты commercial salt.

читатель reader.
и в настоящее время представляется читателям как правила and is now presented as rules.

член member.
объем удерживания средних членов данной серии retention volume at the middle of the series.

чрезвычайно extremely.
В спектроскопии чрезвычайно широко используется онгстрем ... . In spectroscopy, the angstrom is widely used ... .

что that (see also **в том смысле, что; известно, что; можно отметить, что; надо сказать, что; отмечено, что; показано, что; установлено, что; видно что; найдено, что**).
Мы видим, что ω-мезон рождается совместо с ... . We see the ω-meson produced in conjunction with ... . предположим, что мы рассматриваем suppose we consider; Меншчуткин нашел, что реакция идет медленнее всево ... . Menshchutkin found the slowest reaction to be ... . Следует ожидать, что пластичность будет изменяться с размером частиц. Plasticity should be expected to vary with particle size.

что касается as concerns.
Что касается структуры галлиевых стекол, то сведения в литературе скудны. Information in the literature on the structure of gallium glasses is meager.

что составляет which comprises.
Согласие имеется в 347 из 355 случаев, что составляет 98 процентов. There is 98 percent agreement in 347 out of 355 cases.

чтобы in order to (see also **состоит в том, чтобы**).
Чтобы противодействовать ... . To counteract ... . Чтобы описать как оптическая система пропускает, отражает или поглащает излучение, используются три выражения. Three expressions describe how an optical system transmits, reflects, or absorbs radiation. количество теплоты необходимое, чтобы поднять температуру 1 г воды на 1 ^{0}C the heat needed to raise the temperature of 1 g of water 1 ^{0}C.

чтобы использовать in order to use.
Современная вычислительная машина обладает слишком большой скоростью, чтобы использовать ее для решения одной задачи. The present-day computer is too fast for a single task.

чтобы можно было использовать to be able to be used.
Таким образом, мы сумели изучить многие типы клеток, которые слишком малы по размеру, чтобы можно было использовать внутренние электроды. We were thus able to study many cell types too small for internal electrodes.

Ш

шкала scale.
Шкала производных по оси ординат должна быть направлена ... . The derivatives should be plotted on the ordinate ... . Кельвин, единица измерения температуры по термодинамической шкале, равен ... . The kelvin, unit of thermodynamic temperature, is ... .

шлифованный polished.
шлифованный и полированный с двух сторон polished on both sides.

шов seam.
  сварной шов weld.

Э

э.д.с. electromotive force (emf).
  потенциал э. д. с. *E* отличается от the potential *E* deviates from.
экран (see **на экран**).
эксперимент (see also в **эксперименте**; **описывать эксперимент**).
  методика эксперимента method.
экспериментально experimentally.
  экспериментально измеряемый measured; наиболее экспериментально удобным the most convenient.
экспериментальный experimental (see also **как показали экспериментальные измерения**; **как это следует из экспериментальных результатов**).
  экспериментальные данные data; экспериментальная аппаратура apparatus; экспериментальные параметры variables.
экспериментатор experimenter.
  Время машины можно разделить для одновременного использования несколькими экспериментаторами. The computer's time can be shared between several simultaneous uses.
эксплуатация use.
  Эффективная эксплуатация энергетических установок требует ... . Efficient power equipment requires ... .
электрический electrical (see also **удельное электрическое**).
  двойный электрический слой double layer; электрическая проводимость conductivity; электрическое сопротивление resistance; электрический разряд discharge; обогреваемый по стоянным или переменным электрическим током heated by direct or alternating current; электрическая схема circuit.
электричество electricity.
  после пропускания 8 А·ч электричества after 8 A·h.
электро electro.
  радиационная электропроводимость radiation-

электрод

induced conductivity; электровалентность valence; электронейтральный neutral; электроэнергия на стройплощаду power to the site.

электрод electrode.

изменение импедансных характеристик графитового электрода после катодной поляризации change in impedance characteristics of graphite after cathodic polarization; зависимость аналитического сигнала от потенциала электрода dependence of the analyte signal on potential.

электродно electrodically.

электродноактивный компонент мембранных электродов active component of membrane electrodes.

электролит electrolyte.

элемент с кислым электролитом acid cell.

электронно electron.

электронно-вычислительная машина computer.

электронный electronic.

электронные часы с кварцевой стабилизацией частоты на 100 МГц quartz-controlled 100 MHz clock; фотоэлектронный усилитель photomultiplier.

электрохимический electrochemical.

катодная электрохимическая защита cathodic protection; электрохимический ячейка с твердым электролитом a cell with a solid electrolyte; При анодном растворении поверхность обогащается электрохимически положительным компонентом. In anodic dissolution the surface is enriched with positive components. электрохимическая анодная обработка anodization.

элемент 1. element; 2. constituent (see also **периодическая система элементов**).

1. Общее содержание элементов In, Sn, и Bi .... The total content of In, Sn, and Bi .... редкоземельный элемент rare earth; оксиды щелочноземельных элементов alkaline earths; изотопы тяжелых элементов heavy isotopes; относительная атомная масса элемента atomic mass; мешающий элемент interferent (spectroscopy); Основа покрытия составляют три элемента: алюминий, переходный металл и кислород. The plating matrix consists of aluminum, transition metal, and oxygen. 2. ба-

тарейка сухих элементов dry cell.
элемент группа element of a group.
соединение элементов группы III и V the III-V compound.
элементный (see **в элементном состоянии**).
эманация emanation.
эманация актиния actinon.
энергетический energetic.
энергетическая ярность radiance; энергетическая освещенность irradiance; Физическая величина, воздействующая на экспонированную пластинку есть энергетическая экспозиция H. The physical quantity affecting the exposed plate is the exposure H.
энергия energy (see also **с энергией**).
при энергии 200-300 МэV at 200-300 MeV.
этап stage.
начальный этап растворения initial dissolution.
этиловый ethyl.
этиловый эфир ether.
это (see **как это следует из экспериментальных результатов**).
этому (see also **к этому**).
аналогично этому similarly.
этот this (see also **в это время**; **за это время**; **в этой**; **из этого**; **при этом**).
многие из этих линий удалось разделить many of the lines have been resolved; в результате этого as a result.
этот факт this fact.
Если два или более понятия тесно связаны, то этот факт должен быть отражен в подобии принятых для них названий. If two or more concepts are closely related, they should be assigned similar names.
эфир ester.
азотистоэтиловый эфир ethyl nitrite.
эфир ... кислоты ester of ... acid.
этиловый эфир уксусной кислоты ethyl acetate.
эффект effect.
экзотермический эффект exothermicity; туннельный эффект tunneling; тепловой эффект реакции heat of reaction; эффект изменения масс-спектра change in the mass spectrum; Эффект систе-

эффективно 154

матического уменьшения пика Pb проявляется в области pH < 6. The systematic decrease in the Pb peak appears at pH < 6. эффект диссоциация под действием поля dissociation fields; мезомерный эффект mesomerism.

эффективно effectively.
Облучение может быть эффективно использовано с целью разрушения ... . Irradiation may be used to break down ... .

эффективно в плане effective in terms of.
добавление V_2O_5 эффективно в плане увеличения скорости формирования addition of V_2O_5 increased the formation rate of.

эффективный efficient.
эффективное извлечение лантанидов из растворов extraction of lanthanides from solutions.

Я

явление phenomenon.
химия поверхностных явлений surface chemistry; физические законы лежащие в основе явления радиоактивности the laws of radioactivity.

являться to be.
когда мы говорим о том, что оптический изомер является d-изомером when speaking of an optical isomer as the d-isomer; Если относительное содержание одного из компонентов является преобладающим ... . If one constituent predominates ... .

являющийся 1. serving as; 2. appearing as.
1. растворы являющийся мостиками bridge solutions; 2. чтобы описать узкую полосу частот электромагнитного излучения, являющегося результатом электронных переходов в атомах to describe a narrow band of frequencies of electromagnetic radiation resulting from electron transition in atoms.

являющийся исходным serving as a source.
Бутиролактон играл значительную роль как промежуточный химический продукт, являющийся исходным для синтеза ... . Butyrolactone was of considerable importance as an intermediate for the synthesis of ... .

явно clearly.

термин явно неудачен the term is awkward.
ядерный nuclear.
  многоядерная циклическая структура polycyclic ring.
ядро nucleus.
  физика атомного ядра atomics.
язык language.
  английские и французские языки English and French; на языке фортран in Fortran.

Symbol Omissions

colon.
  Выражение (1) можно записать следующим образом: Equation (1) may be written as ... . в котором идет реакция: in which the reaction is ... .
comma.
  процесс, в резултате которого the process by which; Еще один, последний, метод ... . One final method ... .
equals.
  при ν = 485 cm^{-1} at 485 cm^{-1}; при E = 1.4 V at 1.4 V; при λ = 160 нм at 160 nm. при pH = 6 at pH 6.
Greek letters (see equals).
hyphen.
  масс-спектр mass spectrum; ИК-спектры IR spectra; гамма-спектр gamma spectrum; кривая интенсивность-время intensity time curve; группы должны находиться в транс-положении the groups must be in the trans position; Мак-Лафферти McLafferty; Мак-Нейр McNair; Вагнер-фон-Яурег Wagner von Jauregg; Ла-бур La Bour; практика оптиков-конструкторов the practice of optical designers; К плагиоклазы относятся алюмино-силикаты. The plagioclases are aluminosilicates. Цель настоящей работы — автоматизация определения железа(III). This paper automates the determination of iron(III). физико-химический physicochemical; α-фаза α phase; таст-полярографии tast polarography; московский химико-технологический институт Moscow Institute of Chemical Technology.
parentheses.

буквой *M* (снабженной индексами) by the letter *M* with subscripts; Ионая сила раствора и другие факторы (pH, концентрация лиганда) ... . The ionic solution strength, pH, and ligand concentration ... . Интегрирующая сфера (по Ульбрихту) ... . The Ulbricht integrating sphere ... .
personal initials.
Научно-исследовательский физико-химический институт Л. Я. Карпова Karpov Institute of Physical Chemistry; Авторы также консультировались с проф. П. Шовеном. We also consulted Prof. Shoven.
quotation marks
Термины "экстинкция" и "показатель экстинкции" неудобны, поскольку термин "экстинкция" теперь применяется для рассеяния излучения, а не для поглощения. *Extinction* and *extinction coefficient* are unsuitable because *extinction* is reserved for diffusion of radiation rather than absorption. "Hewlett-Packard" *Hewlett-Packard*; "чистое" число pure number; косой крест "x" An x; круглые образцы типа "шайба" disk samples.

GENERAL OMISSION RULES
(Russian omissions are in italics.)

1. When a term (or phrase) has been cited in the same sentence or paragraph it may be replaced by a function word such as that, those, or the. Интенсивности побочных максимумов будут незаметными по сравнению с *интенсивностями* главного максимума. The intensities of the subsidiary maxima will be negligible in comparison with those of the main maxima. По всей видимости, этот результат противоречит *результатам* некоторых других работ. This result appears to contradict those of other papers. Происходит выделение включений карбида молибдена, общее количество которых существенно меньше, чем у испытанных образцов без предварительной обработки. *Карбидные* включения не содержат натрия. Much less molybdenum carbide inclusions precipitated in specimens without pretreatment. The inclusions contained no sodium. Исследова-

но влияние атмосферы камеры синтеза и способа очистки на устойчивость ультрадисперсних алмазов к окислению на воздухе показано, что использование CO_2 при синтезе *ультрадисперсных алмазов* несколько повышают их термостойкость. We studied the effect of synthesis chamber atmospheres and purification methods on the resistance of ultrafine diamond powder to air oxidation. The synthesis with CO_2 raised the heat resistance. Ошибка этого приближения не превышает *ошибки* экстраполяции к нулевой концентрации. The error in this approximation is no greater than that of extrapolation to zero concentration.

2. When an adjective-modified word is preceded by the same term in the same sentence the word can be omitted and the adjective(s) retained.

Многие малогабаритные двигатели называются универсальными *двигателями*. Many small motors are called *universal*.

3. When two synonymous or similar words or phrases are in the same sentence, either may be deleted.

Нет лучшего примера подобного термина, как *термин* "электродвижущая сила". There is no better example of such a term than electromotive force. *показатель* степени exponent; Я был бы очень благодарен за присылку оттисков по *вопросу* о симметриях в сильных взаимодействиях и по другой родственной тематике. I would appreciate reprints on symmetries in strong interactions and related topics. Осоным вопросом на котором я бы хотел заострить внимание, является *вопрос* ... . The main point I should like to draw attention to is ... .

4. When two synonyms of Russian and non-Russian origin are adjacent or close to one another, either can be omitted.

Это *показательная* экспоненцальная кривая хорошо описывает экспериментальные данные. This exponential curve describes the experimental data well. степень *извлечения* при однократной экстракции degree of single-pass extraction; дробное *фракционирование* газов и паров fractionation of gases and vapors.

Other Books From Slavica

American Contributions to the Eleventh International Congress of Slavists, Bratislava, September, 1993.

Howard I. Aronson: *Georgian: A Reading Grammar.*

A. Barker: *The Mother Syndrome in the Russian Folk Imagination.*

Christina Y. Bethin: *Polish Syllables The Role of Prosody in Phonology and Morphology.*

Rodica C. Botoman, Donald E. Corbin, E. Garrison Walters: *Îmi Place Limba Română/A Romanian Reader.*

Ranko Bugarski and Celia Hawkesworth, eds.: *Language Planning in Yugoslavia.*

R. L. Busch: *Humor in the Major Novels of Dostoevsky.*

Terence R. Carlton: *Introduction to the Phonological History of the Slavic Languages.*

Jozef Cíger-Hronský: *Jozef Mak* (a novel), translated from Slovak.

Gary Cox: *Tyrant and Victim in Dostoevsky.*

Carolina De Maegd-Soëp: *Chekhov and Women: Women in the Life and Work of Chekhov.*

Per Durst-Andersen: *Mental Grammar Russian Aspect and Related Issues.*

Thomas Eekman and Dean S. Worth, eds.: *Russian Poetics.*

M. S. Flier and R. D. Brecht, eds.: *Issues in Russian Morphosyntax.*

John M. Foley, ed.: *Oral Traditional Literature A Festschrift for Albert Bates Lord.*

John Miles Foley, ed.: *Comparative Research on Oral Traditions: A Memorial for Milman Parry.*

Zbigniew Gołąb: *The Origin of the Slavs A Linguist's View.*

C. E. Gribble: *Russian Root List with a Sketch of Word Formation.*

Charles E. Gribble: *A Short Dictionary of 18th-Century Russian/ Словарик Русского Языка 18-го Века.*

Morris Halle, ed.: *Roman Jakobson: What He Taught Us.*

Other Books From Slavica

Morris Halle, Krystyna Pomorska, Elena Semeka-Pankratov, and Boris Uspenskij, eds.: *Semiotics and the History of Culture In Honor of Jurij Lotman Studies in Russian.*

William S. Hamilton: *Introduction to Russian Phonology and Word Structure.*

Michael Heim: *Contemporary Czech.*

Michael Heim, Z. Meyerstein, and Dean Worth: *Readings in Czech.*

W. Held, Jr., W. Schmalstieg, and J. Gertz: *Beginning Hittite.*

M. Hubenova & others: *A Course in Modern Bulgarian.*

Roman Jakobson: *Brain and Language*

L. A. Johnson: *The Experience of Time in* Crime and Punishment.

Emily R. Klenin: *Animacy in Russian: A New Interpretation.*

A. Kodjak, K. Pomorska, S. Rudy, eds.: *Myth in Literature.*

Andrej Kodjak, Michael J. Connolly, Krystyna Pomorska, eds.: *Structural Analysis of Narrative Texts.*

Mark Kulikowski: *A Bibliography of Slavic Mythology.*

Konstantin Kustanovich: *The Artist and the Tyrant: Vassily Aksenov's Works in the Brezhnev Era.*

Richard L. Leed and Slava Paperno: *5000 Russian Words With All Their Inflected Forms: A Russian-English Dictionary.*

E. H. Lehrman: *A Handbook to 86 of Chekhov's Stories in Russian.*

Paul Macura: *Russian-English Botanical Dictionary.*

Robert Mann: *Lances Sing: A Study of the Igor Tale.*

Stephen Marder: *A Supplementary Russian-English Dictionary.*

Cynthia L. Martin, Joanna Robin, and Donald K. Jarvis: *The Russian Desk: A Listening and Conversation Course.*

Mateja Matejić and Dragan Milivojević: *An Anthology of Medieval Serbian Literature in English.*

Gordon M. Messing: *A Glossary of Greek Romany As Spoken in Agia Varvara (Athens).*

Other Books From Slavica

Vasa D. Mihailovich and Mateja Matejic: *A Comprehensive Bibliography of Yugoslav Literature in English, 1593-1980.*

Dragan Milivojević and Vasa D. Mihailovich: *A Bibliography of Yugoslav Linguistics in English 1900-1980.*

Edward Możejko, ed.: *Vasiliy Pavlovich Aksënov: A Writer in Quest of Himself.*

Alexander D. Nakhimovsky and Richard L. Leed: *Advanced Russian, Second Edition, Revised.*

T. Pachmuss: *Russian Literature in the Baltic between the World Wars.*

Lora Paperno: *Getting Around Town in Russian: Situational Dialogs,* English translation and photographs by Richard D. Sylvester.

Jan L. Perkowski: *The Darkling A Treatise on Slavic Vampirism.*

Norma L. Rudinsky: *Incipient Feminists: Women Writers in the Slovak National Revival.*

Barry P. Scherr and Dean S. Worth, eds.: *Russian Verse Theory.*

William R. Schmalstieg: *Introduction to Old Church Slavic.*

William R. Schmalstieg: *A Lithuanian Historical Syntax.*

R. D. Schupbach: *Lexical Specialization in Russian.*

P. Seyffert: *Soviet Literary Structuralism: Background Debate Issues.*

J. Thomas Shaw: *Pushkin A Concordance to the Poetry.*

Efraim Sicher: *Style and Structure in the Prose of Isaak Babel'.*

Rimvydas Šilbajoris: *Tolstoy's Aesthetics and His Art.*

D. A. Sloane: *Aleksandr Blok and the Dynamics of the Lyric Cycle.*

Theofanis G. Stavrou and Peter R. Weisensel: *Russian Travelers to the Christian East from the Twelfth to the Twentieth Century.*

Oscar E. Swan and Sylvia Gálová-Lorinc: *Beginning Slovak.*

Oscar E. Swan: *First Year Polish.*

Charles E. Townsend: *A Description of Spoken Prague Czech.*

Charles E. Townsend: *Russian Word Formation.*